正しい声がけ・
伝え方で
実力を伸ばす!

# 女子選手のコーチングメソッド

【新版】

専修大学教授(スポーツ心理学)
佐藤雅幸 監修

メイツ出版

# はじめに

アスリートにとって自分のメンタルをコントロールするのは、非常に重要なことです。そのためにはまず、自分の自我状態つまり、自分の心がどういう状態にあるのかということを知ることが、試合で勝ち続けるためのポイントになります。これは、アスリートであれば性別や年齢、競技に関係なく共通していえることです。

しかし、男性アスリートとは違い、女性アスリートの心理は複雑なものです。「競技は競技」と割り切って勝ちを目指す男性アスリートに対して、女性アスリートは、特に団体競技において「指導者はチーム全員に平等に接してほしい」など、あらゆるシチュエーションにおいて、女性特有の考え方をします。また、女性アスリートであれば、月経などの問題とも真剣に向き合う必要があります。競技と上手に付き合っていかないと、体にさまざまな異常をきたす恐れさえあります。

こうした女性特有のメンタル・フィジカル面の特徴があるにもかかわらず、未だ女性アスリートに対する適切なメンタルの指導やコーチングが確立されていないというのが現状です。近年では、さまざまな競技においてプロとして世界で活躍する女性アスリートが増えていますから、今後さらに女性アスリートの心理的なケアをできるようなシステムが必要になると思います。

本書は、女性アスリートの指導者が抱える「どうしたら女性アスリートと信頼関係が築けるか？」「女性アスリートをやる気にさせるには、どんな言葉をかけたらよいか？」などの疑問を解決することを目的とし、状況に合ったメンタルの指導やコーチングの方法を解説しています。また、現在スポーツの現場で活躍するトレーナーや指導者、現役のプロテニス選手やコーチの取り組みや考え方を紹介していますので、ぜひ指導の中で活用してください。

この本が日々、女性アスリートの指導に奮闘する指導者のみなさんにとって役立つ書となることを切に願います。

専修大学　佐藤雅幸

# この本の使い方

この本では女性アスリートのメンタルを理解し、状況に応じて適切な指導を行うためのコツを紹介しています。

　各章ごとに、自分の心を知るためのテスト、個人競技におけるメンタルコーチング、団体競技におけるメンタルコーチング、女性アスリートの心身にとって大切な取り組み、メンタルトレーニング法や、試合に強くなるメンタルのつくり方など、女性アスリートを指導するうえで重要な事柄を幅広く網羅しています。

　また、さまざまなシチュエーションごとに、必要な知識や効果的なフレーズ、アスリートに対して言ってはいけないNGワードなどを解説しています。

　この本は最初から読みすすめて行くことが理想ですが、気になる部分を中心にチェックしたり、弱点の克服や課題のクリアのためにページをピックアップして読んで頂くこともできます。

**タイトル**
女性アスリートを指導するにあたり、状況に適した指導法や声掛けのコツなどがひと目で見てわかるようになっている。

コツ16
選手生命を第一に考える
体調不良を訴えてきたら、よく話を聞いて気遣う
女性のアスリートの体はたくましく見えても、実際はデリケートです。少しの不調でも適切な対応を心がけましょう。
46

どこ
いつ
痛か

心配して
くれてる…

NGワード例

❶「辛いならさっさと帰りなさい」

❷「最初から練習に参加すべきじゃなかった」

❸「試合前なんだから甘えるな」

## 体調についてよくヒアリングし 適切な対応をする

競技にバリバリと取り組む女性アスリートは、一般的には強くたくましく見られるかもしれません。しかし、いくらトレーニングで体を鍛えたアスリートといえど、女性の体は想像以上にデリケートであることを認識する必要があります。

女性の指導者であれば、女性特有の悩みや体の不調などにある程度の理解があるでしょう。しかし、これが男性だとなかなか理解するのが難しいのかもしれません。例えば女性アスリートが「頭痛が収まらない」と訴えたとき、指導者が「少し休めば治るんじゃない」と、事務的な対応をしたとします。確かに痛みの具合は本人しか分からないかもしれませんが、これはあまりに冷たい対応といわざるを得ません。この出来事をきっかけに、「私はどうでもいい存在なんだ…」と、指導者へ信頼が薄くなってしまうこともあります。

**女性アスリートが体の不調を訴えてきたら、まずは練習を休ませ、しっかり話を聞くことが大切です。「どこが痛いのか」「いつから痛かったのか」をヒアリングし、休憩や早退を指示したり、場合によっては応急措置など、適切な対応をしましょう。**

指導者もアスリートも、「試合でパフォーマンスを発揮する」という共通の目標に向かって頑張っています。仮に、選手の方が「少しのケガなので大丈夫です」と、無理をして試合に出たがった場合でも、指導者はその後の選手生命のことを考えて、適切な判断のもと休ませるべきでしょう。

言い換えフレーズ

❶「応急措置でダメなら医者に見てもらおう」

❷「辛いのによく頑張ったな。もう休んでもいいぞ」

❸「負荷の低い練習に代えてみようか」

47

**NG ワード例・修正ポイント**

女性アスリートに言ってはいけない言葉や注意を払わなくてはいけないNGワード例を挙げている。指導の際は、不用意に傷つけてしまわないよう注意しよう。

**言い換えフレーズ・まとめ**

右ページで紹介したNGワード例に対する言い換えフレーズ例を紹介。女性アスリートのモチベーションを上げる言葉や、良好な関係を築けるような行動をしよう。

# 目次

はじめに …… 2
この本の使い方 …… 4

## PART1 心の仕組みを知って本番に強くなる!

コツ01 交流分析理論でアスリートの心を知る …… 10
コツ02 凝り固まった頭をほぐして柔軟に物事をとらえる …… 12
コツ03 交流分析理論で自分自身を成長させる …… 14
コツ04 セルフ・グローアップ・エゴグラムで自我状態をチェックする …… 15
コツ05 選手の特徴をとらえてチーム内でうまく使っていく …… 16
コラム 脚本分析を用いて現状の課題をクリアする …… 24

## PART2 個人競技における女性アスリートへのコーチング

コツ06 心と体が結びつくことで最高のパフォーマンスを発揮できる …… 26
コツ07 ケガは心にもダメージを与えてしまうことを理解する …… 28
コツ08 女性アスリートにもオールアウトを経験させる …… 30
コツ09 月経期は可能な範囲でトレーニングを行う …… 32
コツ10 褒め方・指摘の仕方は具体的な表現を使わないと伝わらない …… 34
コツ11 成功するために必要なことは何かを理解させる …… 36
コツ12 誰か一人を特別扱いせず、全員に対して平等に接する …… 38
コツ13 身体に関する言葉や、不用意なボディタッチには注意する …… 40
コツ14 指導者は女性アスリートの自主性も尊重する …… 42
コツ15 凝り固まった指導にならないように注意する …… 44
コツ16 体調不良を訴えてきたら、よく話を聞いて気遣う …… 46
コツ17 競技で使う道具やウェアのセンスを褒めてあげる …… 48

※本書は2016年発行の『正しい声がけ・伝え方で実力を伸ばす！女子選手のコーチングメソッド』の新版です。

コツ18 身だしなみを整えて最高のパフォーマンスを発揮する……50
コツ19 男性指導者ならではの「論理的で計画的指導」を実践する……52
コツ20 競技とプライベートを切り離してトップを目指す……54
コツ21 表面的な指導や応援は見抜かれることを心得る……56
コツ22 安定した環境から飛び出す勇気を持つ……58
コツ23 練習と休憩のメリハリをしっかりつける……60
コツ24 映像を使って目で見てわかる指導を心がける……62
コツ25 上下関係に囚われない良好な関係を築かせる……64
コツ26 伝えたいことは的確な言葉を選んで伝える努力をする……66
コツ27 ロールレタリングで相手の気持ちを理解する……68
コツ28 競技に集中できないメンタルのときはイメージで気持ちを切り替える……70
コツ29 相談を受けたら過去の話も聞いてあげる……72
コラム 競技における先駆者とライバルの存在……74

## PART3 女性アスリートがまとまりチーム力がアップする方法

コツ30 女子選手は同じ練習メニューでも苦にしない……76
コツ31 褒めるときも叱るときもみんなで共有する……78
コツ32 アスリートの意識を変えるには環境を変化させる……80
コツ33 選手と保護者から信頼を寄せてもらう指導を心がける……82
コツ34 練習をチーム制にすることで仲間全員で勝つことを意識する……84
コツ35 選手の欠点やミスを叱責せずモチベーションを維持する……86
コツ36 指導者は言葉だけではなく体を動かして指導にあたる……88
コツ37 チームメイトとの関係を友好にパフォーマンスをアップする……90
コツ38 基礎練習+実践練習で実力を発揮する!……92
コツ39 テーマ・目的を明確にし、練習に取り組ませる……94
コツ40 チーム内でキャプテン以外のポジションを作る……96
コツ41 選手同士の関係を察知して修復を試みる……98
コツ42 レギュラー選手と控えの選手を平等に扱う……100
コツ43 スチューデントトレーナーを決めて効率よくトレーニングする……102
コツ44 女性の雑談力を生かし自由にミーティングさせてみる……104
コツ45 人は生まれ育った環境でパーソナリティーに違いが生まれる……106

PART4　女性アスリートにとって大切な取り組み
コツ46　バランスのよい食生活を心がける …… 108
コツ47　月経周期を記録して自分のリズムをつかむ …… 110
コツ48　マインドフルネスで心身ともにリラックスする …… 112
コツ49　栄養バランスのよい食事でコンディションを整える …… 114
コツ50　成長期に最大骨量を獲得し骨粗鬆症を予防する …… 116
コツ51　スランプの要因になるオーバートレーニングに注意する …… 118
コツ52　科学的な入浴法で賢く疲労をとる！ …… 120
コツ53　セロトニンとメラトニンの機能を活用して睡眠の質をあげる …… 122
コツ54　貧血による体調不良を未然に防ぐ …… 124

PART5　「物の見方・考え方」をかえてメンタルを強くする！
コツ55　「～しなければいけない」の呪縛から解放させる …… 126
コツ56　「勝つ」試合ストーリーをつくる …… 128
コツ57　勝利の方程式＝コンディショニングを行う「超回復の法則」 …… 130
コツ58　試合前はいつも通りの生活パターンで過ごすこと！ …… 132
コツ59　勝つためにはプレー（行動）の目標を立てる …… 134
コツ60　目標を実現するために宣言をする …… 136
コラム　どんな試合相手でもやるべきことをやる …… 138

PART6　日頃からできるメンタルトレーニング
コツ61　ルーティンを行い平常心を取り戻す …… 140
コツ62　アクションを使って前向きに気持ちを切り替える …… 142
コツ63　ゾーンに入る方法を見つけて最高のパフォーマンスを発揮する …… 144
コツ64　サイキングアップでやる気を高める …… 146
コツ65　試合当日のコンディションを前向きにとらえる …… 148
コツ66　「集中！」とは注意の方向を意識すること …… 150
コツ67　どんな試合環境にも対応できる力を備えるためのイメージトレーニング …… 152
コツ68　ポジティブなセルフトークで自信を高めて試合に臨む …… 154
コツ69　ノージャッジメントトレーニングで得失点に左右されない …… 156

STAFF

デザイン　都澤　昇
イラスト　都澤　昇
　　　　　田中律子
編　　集　株式会社ギグ

PART

# 1

# 心の仕組みを知って本番に強くなる！

コツ
01

女性アスリートをタイプ別に分析する

# 交流分析理論でアスリートの心を知る

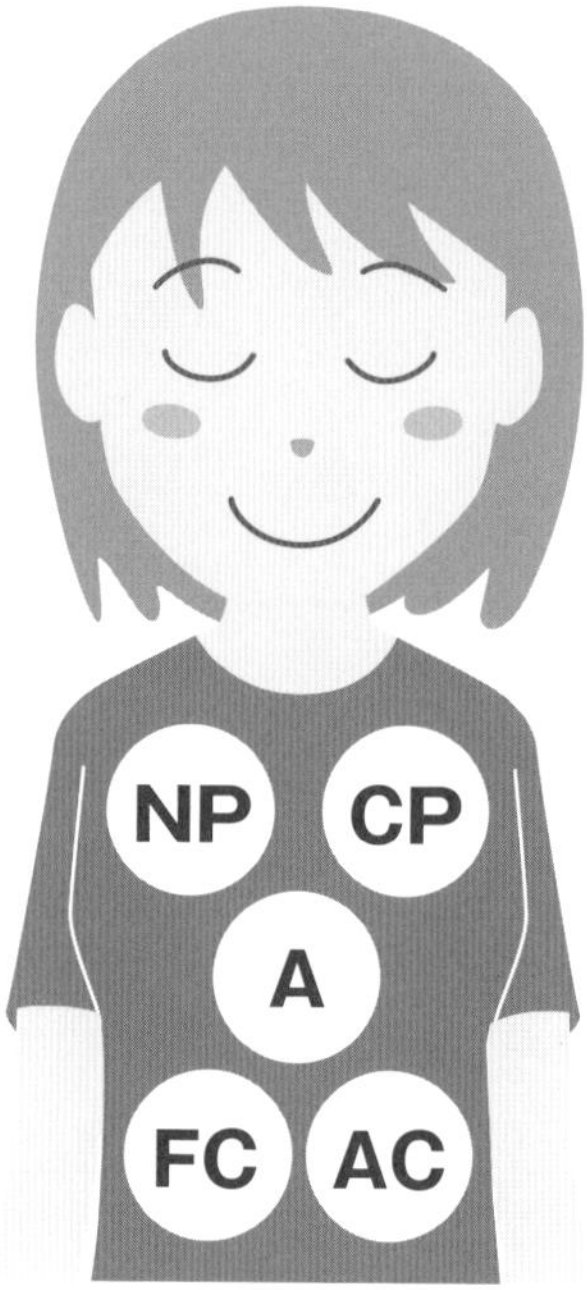


## アスリートは体力と技術だけを向上させればいいのか

アスリートの目的は、競技で最大限のパフォーマンスを発揮し試合で勝つことです。そのためには、ただ単にフォームやテクニックを磨くだけでよいのでしょうか。仮に強くなったとしても、1試合の勝ち負けやポイントごとに喜んだり怒ったり、落ち込んだりするような感情的なアスリートは、トータルで結果を残すことは難しいでしょう。

また、指導者やチームメイトと衝突が多い自己中心的なアスリートは、結局は自分にもストレスがたまり競技に集中できなくなります。**一時の感情に振り回されては、せっかくの能力を発揮することができないのです。特に女性は理論よりも感情が先行する傾向が強いので、アスリートとしても注意が必要になります。**

## 自分の心を理解するには心の構造を知ることから始める

感情に振り回されないためには、まずアスリートは「自分の心がどんな状態であるか」ということを理解することが大切です。そして、**自分の心を知り、コントロールすることで、試合で勝っても負けても平常心をキープできたり、ストレスの原因にもなるチーム間の人間関係におけるトラブルを未然に防ぐことができたりします。**

それでは、心を理解するためにはどうしたらよいのでしょうか。スマートフォンを修理するときの話を例にするとイメージしやすいかもしれません。「スマートフォン＝心」として、スマートフォンが動かなくなってしまったとします。再び起動させたいと思っても、「バッテリーはどこに入っているか？」「充電コードはどこに差し込むのか？」など、スマートフォンの構造を理解しないと起動させることはできません。構造が分かって初めて、バッテリー切れが原因なのか、充電コードの差し込み口が原因なのかを突き止め、修理に取り組むことができるのです。

## 自我状態をコントロールして自分の行動や感情を変化させる

人間の心と構造を理解する方法として、交流分析があります。交流分析とは精神分析を基にした心理療法のひとつで、1950年代後半に精神科医のエリック・バーンが提唱したものです。現代においても多くのアスリートのメンタルを理解するために指導現場で用いられています。**交流分析の理論では、人間の心は「批判的な父親（CP）」「養育的な母親（NP）」「自立した大人（A）」「順応した子ども（AC）」「自由奔放な子ども（FC）」という、5つの異なる自我状態で構成されています。その5つの自我状態のなかで、どの自我状態がどのくらい機能するかで、人間の行動や感情も変わってくるといわれています。**つまり、自我状態を知れば自分の行動や感情をコントロールでき、さらには相手の自我状態を把握できれば、それに対して自分はどの自我状態を働かせれば良いのか、という対処も可能になるのです。

交流分析における、心の構造を分析するために用いられる「エゴグラム」で心の状態を探りましょう。

コツ
02

# 凝り固まった頭をほぐして柔軟に物事をとらえる

あなたの頭は凝り固まっていないか？

## ひとつの絵にしか見えない人は頭が凝り固まっている⁉

ここまで自分の心を知り、コントロールすることの重要性を説明してきました。しかし、自分の心を知るには自分を客観的に見ることがポイントになります。そのためにはまず、「自分の考えは正しい」「○○でなければならない」などといった、思いこみや凝り固まった頭と思考をほぐすことが大切です。

まずは上の絵を見てみましょう。ある人は「後ろを向いた貴婦人」、ある人は「鼻の大きな老婆」と答えるでしょう。**答えは貴婦人でも老婆でも「どちらに見えてもよい」のです。むしろ、「どちらか一方にしか見えない」というのは、柔軟な思考ができていない証拠なのです。**

## 物事を多角的にとらえる柔軟性の大切さを伝える

次に上の図柄を見てみましょう。砂時計と人の横顔が見えてくると思います。同時に見ることはできませんが、人は無意識のうちに頭の中で切り替えをして、図柄を片方ずつ認識しています。

このスイッチングがスムーズにできれば思考回路が柔軟な証拠です。どちらかの図柄にしか見えないという人は、頭が凝り固まっているので、このようなエクササイズを続けると効果的です。

**指導者はこうした頭のエクササイズを通して、物事は「こういう風にも見ることができるが、このようにも見ることができる」というように、多角的にとらえることが大切であると、アスリートに伝える必要があります。**

アスリートにエゴグラムを取り組ませる前に、指導者はこのような頭のエクササイズになるウォーミングアップをさせることをおすすめします。頭をほぐすことで、指導者からのアドバイスや忠告にも柔軟に対応できるというメリットもあります。

コツ03

テスト結果を生かす

# 交流分析理論で自分自身を成長させる

どのパターンかな？
○
×
よくしていこう！
ゴロン
もう分かったからいいや！

## テスト結果をしっかり受け止めて改善や調整をしていく

頭のエクササイズで凝り固まった頭をほぐしたら、自分の自我構造を分析してみましょう。ここでは、心療内科医である芦原睦先生が作成された「SGE（セルフグローアップエゴグラム）」を紹介します。このテストは自分の心を知り、自分を成長させることを目的としています。たとえば、競技環境においてメンタルトレーニングの専門家や心理カウンセラーがいないというアスリートであっても、このテストを利用して自己分析と自己成長をすることができます。

せっかくエゴグラムをやっても、結果に対して何の対処もしなければ、ただの知識で終わってしまいます。知識は使わなければ意味がありません。結果を受け止め、改善や調整をしながら競技生活に生かしていくことが重要です。

コツ 04

直感的に答える

# セルフ・グロ－アップ・エゴグラムで自我状態をチェックする

設問は全部で50問あります。深く考えこまずに、「はい」は○（2点）、「いいえ」は×（0点）、「どちらでもない」は△（1点）をつけます。できるだけ、○か×で直感的に答えるとより精度の高い診断結果になります。

### A（Adult）自立した大人

| | |
|---|---|
| ①何でも、何が中心問題か考え直します。 | |
| ②物事を分析して、事実に基づいて考えます。 | |
| ③「なぜ」そうなのか理由を検討します。 | |
| ④情緒的というより理論的です。 | |
| ⑤新聞の社会面などには関心があります。 | |
| ⑥結末を予測して、準備をします。 | |
| ⑦物事を冷静に判断します。 | |
| ⑧わからないときはわかるまで追求します。 | |
| ⑨仕事や生活の予定を記録します。 | |
| ⑩他の人ならどうするだろうかと客観視します。 | |

### FC（Free Child）自由奔放な子ども

| | |
|---|---|
| ①してみたいことがいっぱいあります。 | |
| ②気分転換が上手です。 | |
| ③よく笑います。 | |
| ④好奇心が強い方です。 | |
| ⑤物事を明るく考えます。 | |
| ⑥茶目っ気があります。 | |
| ⑦新しいことが好きです。 | |
| ⑧将来の夢や楽しいことを空想するのが好きです。 | |
| ⑨趣味が豊かです。 | |
| ⑩「すごい」「わぁー」「へぇー」などの感嘆詞を使います。 | |

### AC（Adapted Child）順応する子ども

| | |
|---|---|
| ①人の気持ちが気になって、合わせてしまいます。 | |
| ②人前に出るより、後ろに引っ込んでしまいます。 | |
| ③よく後悔します。 | |
| ④相手の顔色をうかがいます。 | |
| ⑤不愉快なことがあっても口に出さず、抑えてしまいます。 | |
| ⑥人によく思われようと振る舞います。 | |
| ⑦協調性があります。 | |
| ⑧遠慮がちです。 | |
| ⑨周囲の人の意見に振り回されます。 | |
| ⑩自分が悪くもないのに、すぐ謝ります。 | |

### CP（Critical Parent）批判的な父親

| | |
|---|---|
| ①間違ったことに対して、間違いだと言います。 | |
| ②時間を守らないことは嫌です。 | |
| ③規則やルールを守ります。 | |
| ④人や自分をとがめます。 | |
| ⑤「～すべきである」「～ねばならない」と思います。 | |
| ⑥決めたことは最後まで守らないと気が済みません。 | |
| ⑦借りたお金を期限までに返さないと気になります。 | |
| ⑧約束を破ることはありません。 | |
| ⑨不正なことには妥協しません。 | |
| ⑩無責任な人を見ると許せません。 | |

### NP（Nurturing Parent）保護的な母親

| | |
|---|---|
| ①思いやりがあります。 | |
| ②人を褒めるのが上手です。 | |
| ③人の話をよく聞いてあげます。 | |
| ④人の気持ちを考えます。 | |
| ⑤ちょっとした贈り物でもしたいほうです。 | |
| ⑥人の失敗には寛大です。 | |
| ⑦世話好きです。 | |
| ⑧自分から温かくあいさつします。 | |
| ⑨困っている人を見ると何とかしてあげます。 | |
| ⑩子どもや目下の人を可愛がります。 | |

コツ
05

各自我状態の特徴的な機能

# 選手の特徴をとらえてチーム内でうまく使っていく

| CP | NP | A | FC | AC |
|---|---|---|---|---|

長所

| | | | | |
|---|---|---|---|---|
| 理想を追求 | 相手を承認 | 理性的である | 天真爛漫である | 協調性に富む |
| 良心に従う | 共感する | 合理性を尊ぶ | 好奇心が強い | 妥協性が強い |
| 秩序を維持 | 保護・養育する | 冷静沈着 | 直感を尊ぶ | いい子である |
| 道徳を尊ぶ | 同情する | 事実に従う | 活発である | 従順である |
| 責任を持つ | 受容する | 客観的に判断する | 創造性に富む | 慎重である |

短所

| | | | | |
|---|---|---|---|---|
| 偏見を持ちがち | 過保護である | 機械的である | 自己中心的である | 遠慮がちである |
| 批判的である | 過度に干渉する | 打算的である | 我がままである | 依存心が強い |
| 支配的である | 押し付ける | 無味乾燥である | 傍若無人である | 我慢する |
| 排他的である | 自主性を奪う | 無表情である | 動物的である | 自主性に乏しい |
| 独断的である | 甘やかす | 冷徹である | 感動的である | 敵意を隠す |

P15の診断結果を計算して、合計点数を記入しましょう。

| | | | | |
|---|---|---|---|---|
| CP：　点 | NP：　点 | A：　点 | FC：　点 | AC：　点 |

## 診断パターンに優劣はない大切なのはバランス

エゴグラムの診断パターンは、細かく見ていけば何百パターンとあります。たとえば、診断結果でFCが高くAが低い選手は、試合で負けたときに「悔しい！もう辞めてやる！」と感情的になる傾向がみられます。しかし心のコントロールタワーであるAの自我を発揮することで、試合結果を冷静に受け止めて分析したり、さらには相手の嫌がるような技を繰り出そうと考える余裕ができます。

**5つの自我状態には長所と短所があるので、どの診断パターンが優れている・劣っているということはありません。**大切なのはバランスですから、指導者がチーム内の選手の力をうまく使って、最大限のパフォーマンスを発揮させるかが重要です。

NP

へ

典型パターン①へ型タイプ

# 人との衝突が少ない円満パターン

※タイトル上の枠のなかはCP、NP、A、FC、ACの順番で点数の高低をグラフ化しています。

## 人間関係のトラブルが少なくチームの中に難なく溶け込める

同情・共感・受容などの自我を表すNPが頂点に突出した「へ型タイプ」の人は、常識があり相手への思いやりの気持ちが大きいため、人間関係におけるトラブルが少ないことが特徴。**このタイプのアスリートは、指導者やチームメイトとの衝突があまりなく、団体競技でもうまくやっていくことができます。**

練習や試合の場面において、指導者やチームメイトと感情的になって言い争いになる傾向が強いアスリートの特徴は、FCが高くNPとAが低くなっている場合があります。対策としては、AとNPの機能を高める努力をしてみましょう。一方で、このNP優位型は「周りからよく見られたい！」という気持ちが強く、おせっかいになりがちなので気をつけることです。

NP FC

典型パターン②N型タイプ

# 自分よりも相手のことを優先する献身パターン

## 気持ちの切り替えが苦手でいつまでも失敗を引きずる

ＮＰが高く、好奇心や活発さなどの自我を表すＦＣが底辺に落ちている「Ｎ型タイプ」の人は、相手に対する思いやりや配慮は十分にあるのですが、自己否定に陥りやすいタイプです。

**このタイプのアスリートは、試合中にミスをしてしまったときなどの気分転換が苦手で、試合が終わってからもそのミスをずっと引きずってしまう傾向にあります。**

相手を思いやる気持ちは大切ですが「本当はどうしたいのか？」を自分自身に問いかけ、もっと自分の気持ちを素直に表現することを心がけて、ＦＣの自我を積極的に使うことをお勧めします。

CP FC

NP AC

典型パターン③逆N字型タイプ

# 自分の意見をはっきり言う自己主張パターン

## 確固たる自信ゆえに頑固者の印象を持たれがち

責任感があり良心に従うという機能のCPと、自由奔放なFCが非常に高く、NPとACが低い「逆N字型タイプ」の人は、自己主張が強い傾向がみられます。

**このタイプのアスリートは競技においても「自分のやり方は間違っていない！」と確固たる自信を持っているため、周囲からは「かなりの頑固者」と印象を持たれてしまうことが多いでしょう。**人間関係のトラブルを減らしたい場合は、論理的なAと養育的なNPを高める必要があります。

他人の考えにも耳を傾け認めることで、自他理解できるようになり無益なトラブルが少なくなるはずです。

CP AC V

典型パターン④V型タイプ

# 完璧を求めるが口に出せない葛藤パターン

## 葛藤を繰り返すことでストレスが蓄積していく

両端のCPとACが高い「V型タイプ」は、CPが高いので、「～であるべきだ」「～でなければならない」と思いこみます。また、自分や相手に対しても完璧であることを求めます。しかしACが高いため、コーチや先輩から自分の意に反した命令をされても口に出せないというジレンマを抱えることになります。

**このタイプのアスリートは、批判を口にすることは少ないので人間関係のトラブルはあまり起こすことはありません。しかし、いつも自分のなかで葛藤を繰り返すことでストレスになってしまいます。**

理性・合理性の自我のAを中心に、NPとFCを高めることで、葛藤から解放されます。

CP A AC
W
NP FC

典型パターン⑤W型タイプ

# 高い理想を追い求める苦悩パターン

## 理想が高くなかなか結果に満足することができない

両端のCPとACが高く、Aも同じくらい高い「W型タイプ」は、CPが高いため目標を高く設定し、それを着実に実行していきます。

**このタイプのアスリートは、FCが低いので自分の出した試合結果や記録に対して、すんなり満足することができず「もっと頑張れたはず…」と自責の念すら抱きかねません。**

さらに、NPとFCが低いために、人と喜びや楽しみを共有することが苦手なので、ストレスを感じやすい傾向がみられます。NPとFCを高めることで、ストレスを上手に発散することができるようになります。

典型パターン⑥M型タイプ

# 明るく思いやりがある明朗パターン

## 理性・合理性のAが低いと物事を冷静に見ることができない

ほかの自我状態に比べてNPとFCが高い「M型タイプ」は、明るくて朗らかな人が多く、自分のことより他人のことを優先する面倒見のよい人です。

**このタイプのアスリートは、チームの中でもムードメーカー的な役割を果たすことができます。しかし、極端にAが低い場合、物事を客観視することが苦手な人が多いようです。**

そのため、試合に負けたときはメンバーの辛い心情や涙に敏感に反応し、冷静に敗因を考えることができず、適切な判断が出来なくなる場合があります。論理的なAを高めて、適切な判断をすることができれば鬼に金棒です。

典型パターン⑦右下がり型タイプ

# 他人の考えを認めない頑固パターン

## リーダーシップをとれるが相手のやり方を認めない

CPが頂点でそこから右下がりになり、ACが低いのが「右下がりタイプ」です。人により、形状に多少の違いはありますが、ほとんどの場合、ACが一番低くなります。

**このタイプのアスリートは、責任感が強く親分肌なので、チームの中でリーダーシップをとることができます。しかし、頭が固く柔軟性が乏しいため、相手のやり方を認めなかったり、気に入らなければすぐに怒り出したりします。**

FCとACを高めることで、協調性や創造性を培うことができます。周囲からの「頑固おやじ」のイメージを払拭しましょう。

過去を振り返る重要性

# コラム 脚本分析を用いて現状の課題をクリアする

これは私が専修大学の女子テニス部を作ったときの話です。創部当時、私は最短で全日本優勝を目標に掲げていました。最初は5部からのスタートでしたが選手の頑張りもあり、とんとん拍子で昇格しました。そして1部に昇格した5年目には、最高のメンバーが揃い「これで全日本優勝できる！」と思いました。しかし結果は、二年連続で強豪校に負けてしまったのです。

勝てるはずの試合に負けた私は、正直最初は「敗因は選手たちにある」と、責任転嫁をしていました。しかし、しばらくして原因を探るために、学内にいる交流分析を研究している臨床心理学の先生に相談に乗ってもらうことにしました。そこで「チームの結果は佐藤先生の姿そのもの。勝利を目前にして、しっかり掴みきれない、勝ちきれないのは、佐藤先生の物の見方・考え方・人生の生き方そのものです。」と言われたのです。

そこからチームを勝利に導くためには、監督である私自身が変わらなければならないと考え、交流分析理論を学び始めました。なかでも、人生脚本の分析はとても衝撃的でした。脚本分析とは「今は過去の積み重ね」という考えのもと、「子どもの頃どんな環境で育ったか？」などの問いに答えながら、過去を振り返る手法です。これにより、私は幼少期に「2番でも悪くない」と、思い込むエピソードに気づきました。そして、当時の自分の脚本を書き直したことで、ついに強豪校に勝つことができたのです。

**今までの脚本、つまり歩んできた人生を書き換えることはかなりの決断がいると思います。しかし、それは過去の自分を否定することではありません。今抱えている課題を解決するための有効な方法の一つです。**

PART

# 2

# 個人競技における女性アスリートへのコーチング

コツ
06

個人競技の指導者の取り組み①

# 心と体が結びつくことで最高のパフォーマンスを発揮できる

テニス選手のコンディショニングを担当する佐藤雅弘トレーナー。指導者の立場から考える心と体の関係とは？

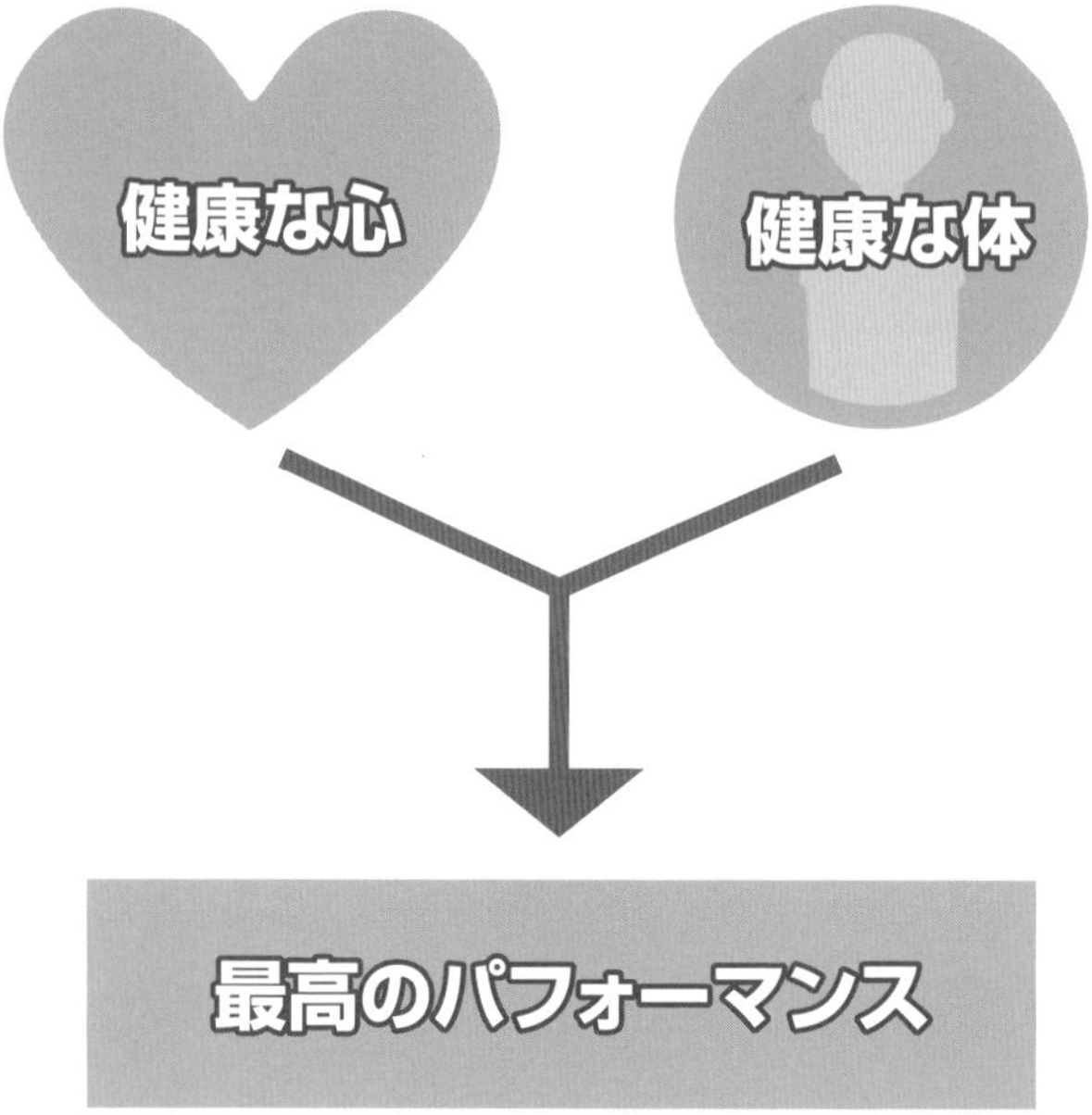


修正ポイント

❶ 気持ちさえ強く持っていれば試合に勝てるはず。

❷ 競技に必要な技術や体力だけを磨けばよい。

❸ 迷いや不安に気づかないふりをして向き合おうとしない。

## 強い気持ちを持っていても体が追い付かなければ結果は出せない

選手のコンディショニングを見る立場として、心と体は一致していることがベストです。テニスでいえば、何試合にも耐えられるような強い体があれば、どんな試合でもメンタルが崩れることもないといえます。しかし、**いくら負けん気が強くても体ができていなければ結果を出すことは困難です。ですから、心と体がしっかりと結びついていないと、良いパフォーマンスにはつながりません。**

トレーニング指導をしているなかで、選手の心の迷いや不安を感じることはあります。現在、世界ランクの中でも勢いのある女性のプロテニス選手を指導しているのですが、ある時期から試合に勝てなくなってしまったのです。

それはオリンピックが開催された年で、実は同世代の自分より格下の選手がオリンピックに出場したことが原因でした。本音としてはオリンピックに出たかったが、ずっとそれを言えずに抱え込んでいたのです。加えて、出場したのは仲の良い選手でしたから、余計に複雑だったのかもしれません。体が動くけれど心が揺れている状態ですから、ショットには心がこもっていませんし、力も入っていません。これは立ち直りのためのカウンセリングが必要です。

そこからメンタルトレーニングの専門家から指導を受けるようになり、自分の気持ちにしっかり向き合ったことで、再び試合にも勝てるようになりました。アスリートは技術だけではなく、自分のメンタルについても取り組まないと、疎かにした分成績にも影響することを理解しなければなりません。

まとめ

❶ 心と体が結びつくことでパフォーマンスを発揮できる。

❷ 必要に応じて、メンタルトレーニングの専門家に相談する。

❸ 自分の気持ちに正直になり、課題や悩みに正面から向き合う。

コツ
# 07

個人競技の指導者の取り組み②

## ケガは心にもダメージを与えてしまうことを理解する

腹筋10回5セット
全員共通だからな‼
辛すぎる…
効いてる感じ
あるな
ちょうどいい！
楽すぎて
物足りない…

トレーニングでケガをしてしまうと、体だけではなく精神的なダメージも受けることになるので、注意が必要です。

修正ポイント

❶ 無理して自分に合わない負荷をかける。
❷ 強くなるためなら多少のケガは仕方ない。
❸ ケガは治ってしまえば問題ない。

## 自分のレベルと目的に合った安全なトレーニングに取り組む

トレーニングで重要なのは、自分のレベルを知ることです。例えば10人が腹筋をするとき、全員が同じ負荷、同じ回数、同じセット数でやると、プラスの効果になる人もいればマイナスの効果、つまりケガをしてしまう人もいます。外的に見ると、ケガは体へのダメージになりますが、実はそれと同時に心にもダメージを受けているのです。「しばらく競技ができなくなってしまった…」「今後の競技人生に影響が出てしまわないだろうか…」など、不安や恐れといった感情に支配されてしまいます。

**メンタルにおいて、自分を知ることが重要だと思いますが、トレーニングも一緒です。自分のレベルをしっかり理解して、どういうアプローチをすべきかを考えることがケガをしない体づくりに必要です。**簡単に作った体はトレーニングをやめたら簡単に崩れますが、地道に正しいアプローチで作った体は、一度トレーニングをやめても下降が緩やかになるので回復スピードは早いのです。これには、基礎的なトレーニングにしっかり取り組んでいるかもポイントになります。

特にテニスやバスケットなど、ストップダッシュの繰り返しになる競技ではヒザへ大きな負担がかかります。女性アスリートの場合、骨盤の調整や中臀筋、大殿筋をしっかり安定させないとヒザがブレるので注意が必要です。競技を意識した専門のトレーニングに取り組む前に、まずはその部分に刺激を与えることがケガをしない安全なトレーニングの第一歩です。そしてケガをしない体になることは、穏やかで安定した心を持つことにつながります。

### まとめ

❶ 自分に合った負荷、回数、セット数を決める。
❷ 女性の体の仕組みを理解して、トレーニングに取り組む。
❸ ケガによる心理的ショックを理解しつつ、リスクを回避する。

コツ
# 08
個人競技の指導者の取り組み③
## 女性アスリートにもオールアウトを経験させる

上がってるじゃないか…
ムリだー
もう上げられません！

ギリギリまで自分を追い込む男性アスリートに対し、女性アスリートは無意識に余力を残して取り組む傾向があります。

修正ポイント

❶ 無意識のうちに心にブレーキをかけてしまう。
❷ 試合前は簡単なアップ程度で済ませてしまう。
❸ 自分の限界を知ろうとしない。

## 心では「もうだめだ」と思っても体の方はまだまだ動く!?

男性のアスリートはとことん自分を追い込み、「これをやるともっといいよ!」というアドバイスすれば、もう動けない"オールアウト"まで持っていくことができます。しかし女性アスリートの場合、無意識のうちに余力を残し限界を知ろうとしない傾向があります。よく「もうだめ!」と言うのですが、実際はまだ余力があることが分かっていますから、「あと10回やれるはずだよ」と言うと、苦しみながらもできるのです。**メンタルでもいえることですが、「だめだ!」というのはあくまで気持ちにブレーキをかけているだけで、体の方はもっと動かせる状態なのです。**ですから、女性アスリートにオールアウトを体験してもらうことが有効です。

女性アスリートが余力を残すというのは、試合前でもあります。男性アスリートの場合「絶対に勝ちたい」という思いから、試合直前であっても全力で練習に取り組みます。しかし女性は「試合のために力を残しておきたい」と考えるためか、試合直前は軽いアップ程度で済ませてしまうのです。もちろん、試合に向けて本腰で頑張ろうとする女性アスリートもいますが、傾向として余力を残して試合に挑みたいと考える女性アスリートは多いように感じます。

逆に、女性アスリートの良い特徴は継続性や我慢強さがあることです。「これをやる!」と決めたことに関しては手を抜きません。これも個人の性格にもよりますが、続けることに関しては基礎的なトレーニングであってもしっかり継続していける傾向があるようです。

**まとめ**

❶ トレーニングでは100%の力で取り組む。
❷ 余力を気にせずウォーミングアップから力を入れる。
❸ オールアウトを体験して自分の限界を知る。

コツ 09

個人競技の指導者の取り組み④

# 月経期は可能な範囲でトレーニングを行う

女性アスリートにとって、心身ともに辛いことが多い月経期。対処法によっては、パフォーマンスにも影響します。

修正ポイント

❶ アスリートなんだから辛くても練習しなければならない。

❷ 自己判断で無理に月経を遅らせようとする。

❸ 月経なんてなければいいと思ってしまう。

## プロのアスリートであっても
## ひどい痛みがある場合は休養する

女性アスリートを指導するにあたり、一番気を付けていることは月経期における指導です。これについては、トレーナーも月経周期を把握しておかないと、トレーニングメニューやスケジュールを組むことが難しくなります。やはり月経前というのは体の動きが鈍くなって来ます。トレーナーやコーチは見ていてわかるものだと思いますが、月経が始まった際には本人から申告してもらうように、日頃から話をしています。

月経前から徐々にパフォーマンスは低下しますが、プロの女性アスリートは取り組まなければいけないことがあります。ですから、必ずしも休養する訳ではありません。たとえば、重要な試合の日程と月経が重なってしまうときは、スポーツドクターとよく相談をして、女性アスリートの体に影響のない範囲で薬を処方してもらい、月経を遅らせることもあります。

月経時のトレーニングは当然、負荷を軽いものに変えるなどある程度の考慮をしています。特に二日目は経血の量も多く辛いと思いますので、できる範囲でのトレーニングをさせています。ここで注意すべきなのがトレーニング後のシャワーです。特にプロ選手は海外遠征の際、気圧が変わっていたりするので、入浴中にのぼせて倒れることもあります。浴室での転倒を防ぐため、トレーナーは浴室の外で時々「大丈夫?」と声をかけることが大切です。

**基本的にプロのアスリートは月経時も休みませんが、これは臨機応変に対応すべきです。下腹部のひどい痛みを訴えてきたときは、無理をさせるべきではありません。必ず本人の意思と状態を確認しましょう。**

**まとめ**

❶ 月経は女性にとって大切なホルモンの変化。

❷ 月経を遅らせる際は、スポーツドクターと相談する。

❸ 痛みがひどいときは休養する。

コツ10

# 褒め方・指摘の仕方は具体的な表現を使わないと伝わらない

指導者がアスリートを褒めたり叱ったりするときは、抽象的な表現ではしっかり伝わらないことを念頭におきましょう。

修正ポイント

❶ 注意散漫の状態でもトレーニングのノルマをこなす。

❷ 曖昧な表現で褒めたり叱ったりする。

❸ 試合前に着地点のない説教を長々とする。

## トレーニングは真剣に取り組まないとケガをする恐れも

コンディショニングトレーナーとしてこれまでたくさんの女性アスリートをみてきました。そのなかで、トレーニングにおいては、余程のことがない限り怒ることはありません。ただし、アスリートがやる気のない態度で取り組んでいるときは、「今日はやる気が感じられないから、30分で止めようか」とはっきり言います。そうするとだいたい慌てて、「いや、やれます」と言ってくるのですが、「どうして今日、やる気のない態度をとったのかをよく考えてから、明日のトレーニングに来なさい」と伝えています。

選手に対して威圧をかけるような言い方をする必要はありません。**ただ、トレーニングは本気になって集中して取り組まないと効果を期待できませんし、ケガをする恐れもあります。そういう点を本人に理解させるような叱り方であればよいでしょう。**

反対に褒め方については、どこがどのようによかったかのかを伝える工夫をしましょう。技術的なことや戦略的なことのアドバイスは担当コーチからの指示がありますので、私が試合前にできることは「ファーストステップが遅くならないよう、素早く移動しよう」など、体の動きについての簡潔なアドバイスです。そして試合中、アドバイス通りに動けていたら、褒めるようにしています。褒めるときは「ドロップショットへの対応がよかったよ」と、具体的に伝えることがポイントです。指摘するときも同じです。具体的に言わないと正確に伝わらず、同じようなミスを繰り返してしまいますので、指導者は注意しましょう。

**まとめ**

❶ やる気がないときはトレーニングを中止させる。

❷ 褒めたり叱ったりするときは具体的に表現する。

❸ 試合前はより的確なアドバイスを簡潔にする。

コツ 11

個人競技の指導者の取り組み⑥

# 成功するために必要なことは何かを理解させる

女性アスリートの心理はとても複雑です。一時の感情に振り回されないために今すべきことが何かを理解させることが大切。

修正ポイント

❶「気に入らないことがあればはっきり言いなさい」と叱る。

❷ 選手が競技に集中していないことに、指導者が気づかない。

❸ 一時の感情で行動してしまう。

## 一時の感情に振り回されないためには成功体験をさせることがポイント

男性は不満があると、あからさまに態度に出すことが多いのですが、女性アスリートの場合は、複雑で難しいと感じることがあります。

以前、AさんとBさんという、仲の良い女性のプロテニス選手がいました。私はAさんのトレーナーをしており、Aさんの成績が上がり始めた頃、Bさんはマネージャーを通じて、私にコンディショニングの担当をしてほしいと言ってきました。私は「2人とも結果を出してほしい」という思いから、Bさんの担当も引き受けました。ところが、ある日Aさんのマネージャーから、「Aさんの担当解除」の連絡が来たのです。

話によるとAさんは、私がBさんも担当することが気に入らなかったようです。もしかしたら、「自分のトレーナーを取られてしまった」という、女性同士の嫉妬のような感情だったのかもしれません。

一方で私がAさんの担当から外れてからというもの、Aさんは試合で勝てなくなってしまいました。勝てない状態が続き、Aさんは冷静になり「また勝てるようになりたい。そのためには自分の体をよく理解してくれる人が必要」と考えたのでしょう。数か月後、Aさんは再び、私に担当を依頼してくれました。

**Aさんが自らの言動を省みることができたのは、「また勝ちたい！」という強い気持ちがあったからだと思います。人は一度、成功体験をするとその景色をもう一度見たいと思うものです。**ですから、指導者は女性アスリートが一時の感情に振り回されないためにも、「大事な試合で勝つ」などの成功体験をさせること、そして、その成功のためには何が必要かを理解させることが大切です。

### まとめ

❶ 女性の心理とは複雑で難しいものと理解する。
❷ 選手が誤った判断をしたらそれを正し、よりよい方向へ導く。
❸ 成功体験の重要性を理解する。

○○はちゃんと
できているんだぞ!!
比べなくても
いいじゃない…

コツ12

選手との信頼関係を築く

# 誰か一人を特別扱いせず、全員に対して平等に接する

女性アスリートは指導者に対して、「みんな平等に扱ってほしい」と思っています。人と比較して怒ることなど言語道断。

**NGワード例**

❶「○○（選手名）はできるのに、お前はなんでできないんだ!」

❷「○○は△△と違って、飲み込みが早いな」

❸「この試合は○○が活躍したおかげで勝てた」

## 指導者は選手一人ひとりに声がけをする

女性は会社や学校などあらゆる枠組みのなかで、優劣が生じたり、ランク付けされることを非常に嫌います。チーム内で指導者が特定の選手にばかり気にかけるようなことがあれば、「監督はいつもあの子ばかり可愛がっている」と、選手たちから反感を買ってしまいます。一度そのようなレッテルを貼られてしまうと、「監督は何でも好き嫌いで判断する」など、信頼関係を築くことが困難になることを肝に銘じてください。

指導者が1人の選手を注意したいとき「みんなの前で叱るのは可哀想だ」と配慮して、練習後に呼び出して注意したとします。**一度きりならまだしも、こうした呼び出しを続けていると、次第にほかの選手たちから「またあの子だけに熱心に指導している…。私たちには期待していないのかな」と、あらぬ誤解を招く恐れがあります。**

それを理解している女性アスリートは、指導者に質問したいときは「抜け駆け」と勘違いされないよう、全員が帰ったことを確認してから聞きに行きます。より注意深い選手は、メールという手段を使うこともあるかもしれません。

指導者は誰か1人ではなく、チームの全員1人ひとりに話しかけることを心がけましょう。大人数のチームの場合、1人ひとりへのアドバイスは難しいかもしれませんので、「頑張ってるな!」「その調子だよ」など、一言声をかけるだけでも、女性アスリートは「みんな平等に見て接してくれている」と、安心するものです。

**言い換えフレーズ**

❶「どうすればできるようになるか、一緒に考えよう」

❷「できなかったら○○にコツを聞いてみるのもいいよ」

❸「この勝利はチーム全員が頑張った結果だ」

コツ
13

ボディタッチの目的を考える

# 身体に関する言葉や、不用意なボディタッチには注意する

女性アスリートへの不用意なボディタッチは不快感を抱く一因になりますので、デリカシーを持って接する気持ちが大切です。

NGワード例

❶「筋肉がついてがっしりしてきたな」

❷「練習頑張ろう」と、選手の肩にぽんと手を置く。

❸「こうするんだよ」と個人指導するときに、必要以上に至近距離まで近づく。

## 日頃から選手たちに対して性別を感じさせない指導者でいること

女性アスリートは自分の身体に対する発言やボディタッチに敏感です。男兄弟のなかで育ったような男勝りな女性であれば、あまり気にならないかもしれません。しかし、人によっては指導者からの何気ない言葉に傷ついたり、身体的なコンプレックスを突かれて不快感を抱くケースがあります。

例えば、男性の指導者が「腕の筋肉がしっかりついてきたね」と言いながらいきなり腕を掴んできたら、女性アスリートはどう感じるでしょう。「どうしてわざわざ触るんだろう…」と、ある種の警戒心を抱くこともありえます。一度女性アスリートに警戒心を抱かれてしまうと、その後、信頼関係は築くことが困難になってしまいます。そのためにも不用意なボディタッチは避けるべきでしょう。

ボディタッチはデリケートな問題である一方、背中をさすったり、優しく触れてあげることはその人の悲しみや苦しみを癒す効果もあります。これを「タッチセラピー」といい、実際に介護の現場では認知症患者の症状緩和に役立つ療法として活用されています。アスリートの世界では、試合に負けて落ち込んでいる選手の肩にそっと手を置くだけでも、元気づける効果があるといわれています。

**大切なのは、指導者が「このボディタッチにはどういう意味があるのか」を、誤解のないように伝えることです。そのためには、指導者は女性アスリートに対して、日頃から性や性別を感じさせるような言動を慎むことも重要なポイントです。**

### 言い換えフレーズ

❶「引き締まったアスリート体型になってきたな」

❷「練習頑張ろう」と言いながら、ハイタッチを促す。

❸ 個人指導のときは、パーソナルエリアに配慮する。

コツ
14

自主練習の必要性

# 指導者は女性アスリートの自主性も尊重する

アスリート自身が受け身の姿勢では成長できません。指導者はときに目を離して、アスリートの自主性に委ねましょう。

NGワード例

❶「みんなサボりそうだから見張っているよ」
❷「必ずこの練習メニューをこなしなさい」
❸「それくらい自分で解決しなさい」

## 自主練習の時にこそ女性アスリートは成長する

さまざまなタイプの女性アスリートがいるように、指導者にも鬼のように厳しい指導者や、選手に寄り添うような優しい指導者などさまざまです。

どのような指導者が正しいとは一概には言えないのですが、指導のポイントとして、ときに選手の自主性に任せてその場を離れることが挙げられます。

女性アスリートは、突き放すような冷たい指導よりも、指導者が見守っていてくれる方が安心して練習に取り組める傾向があります。しかし、だからといって四六時中、練習やトレーニングの様子を見られているというのも息が詰まるものです。

また、運動学習論において、人が成長するのは自主練習をしているときといわれています。コーチにあれこれと指摘されたり、「この練習メニューをこなしなさい」と言われて従うときは受け身の状態、つまりAC（順応する子ども）の状態です。しかし、指導者が目を離した自主練習のときは、「今の自分に必要なトレーニングはなんだろう」とA（自立した大人）の状態になり、自分の頭で練習メニューを考え実践するため、成長度は自ずと高くなるのです。

**指導者から与えられてばかりのトゥーマッチの状態では、いつまで経っても成長にはつながらないといえます。**そして、自主練習がまったくないと、女性アスリートによっては「目を離すとサボると思われているのかな」と、考え込んでしまうこともあります。

選手の成長を考え、選手を信頼していることを伝えるためにも、ときには自主練習も大切な時間になります。

**言い換えフレーズ**

❶「今日は自主練習タイムね」

❷「それぞれ自分に必要な練習内容を考えてみよう」

❸「どうすればいいか一緒に考えよう」

コツ 15

選手の背中を押す指導とは

# 凝り固まった指導にならないように注意する

指導者が自分のやり方にこだわりすぎたり、過剰な管理指導になってしまうと、選手の心は離れていってしまいます。

心拍数は測った？
昨日は何時に寝た？
はい…
うんざり…

**NGワード例**

❶「言われた通りに黙ってやりなさい」

❷「私の指導は絶対に間違っていない」

❸「試合に勝つには必ずこうしなければいけない」

## 選手からの意見や要望を聞き押し付け指導にならないようにする

指導者は自分の経歴やこれまで培ってきた知識をもとに、よりよい指導を目指しています。しかし、指導者が頑なに自分の考えを押し通そうとすると、女性アスリートは次第に違和感を覚え始めます。

ただ怒鳴り散らすだけで目的が見えない練習を強要されると、女性アスリートは不満や反発心を募らせます。ここで厄介なのは、**女性アスリートは、波風を立てたくないためになるべく不平不満を言わない傾向があります。そうすると、心の中で日に日に指導者に対するマイナスの感情が膨らみます。そして、爆発した時には、例え指導者が的確なアドバイスをしても、「どうせいつもの押し付けでしょ」と、聞く耳を持たなくなってしまいます。**

また、最近の若い指導者に多いのが、数字やデータにばかり囚われてしまうCP（批判的な父親）やA（自立した大人）が高いタイプです。アスリートは血液を採取され、運動の前後には心拍数を測り、さらには就寝と起床の時間までもチェックされます。このように、理論的な凝り固まった指導を受けることで、アスリートはAC（順応する子ども）の状態に陥ってしまいます。もちろん、こうした指導が間違っているわけではありません。ある程度のレベルにまでは成長できますが、不思議なことにタイトルを獲るなどの肝心な勝負どころでは力を発揮できないのです。

指導者に必要なのは「明日の試合は勝てるよ！」など、時には明るく前向きな言葉もかけてあげることです。その言葉は、アスリートにとっては数字やデータを超えるほどのエネルギーになります。

**言い換えフレーズ**

❶「疑問に思うことがあったら聞くよ」
❷「必要だと思う練習法はあるかな？」
❸「試合に勝てるよう、一緒に対策を練ろう」

コツ
16

選手生命を第一に考える

# 体調不良を訴えてきたら、よく話を聞いて気遣う

どこが痛む？
いつから
痛かったのか？
心配して
くれてる…

女性のアスリートの体はたくましく見えても、実際はデリケートです。少しの不調でも適切な対応を心がけましょう。

NGワード例

❶「辛いならさっさと帰りなさい」

❷「最初から練習に参加すべきじゃなかった」

❸「試合前なんだから甘えるな」

## 体調についてよくヒアリングし適切な対応をする

競技にバリバリと取り組む女性アスリートは、一般的には強くたくましく見られるかもしれません。しかし、いくらトレーニングで体を鍛えたアスリートといえど、女性の体は想像以上にデリケートであることを認識する必要があります。

女性の指導者であれば、女性特有の悩みや体の不調などにある程度の理解があるでしょう。しかし、これが男性だとなかなか理解するのが難しいのかもしれません。例えば女性アスリートが「頭痛が収まらない」と訴えたとき、指導者が「少し休めば治るんじゃない」と、事務的な対応をしたとします。確かに痛みの具合は本人しか分からないかもしれませんが、これはあまりに冷たい対応といわざるを得ません。この出来事をきっかけに、「私はどうでもいい存在なんだ…」と、指導者へ信頼が薄くなってしまうこともあります。

**女性アスリートが体の不調を訴えてきたら、まずは練習を休ませ、しっかり話を聞くことが大切です。「どこが痛いのか」「いつから痛かったのか」をヒアリングし、休憩や早退を指示したり、場合によっては応急措置など、適切な対応をしましょう。**

指導者もアスリートも、「試合でパフォーマンスを発揮する」という共通の目標に向かって頑張っています。仮に、選手の方が「少しのケガなので大丈夫です」と、無理をして試合に出たがった場合でも、指導者はその後の選手生命のことを考えて、適切な判断のもと休ませるべきでしょう。

**言い換えフレーズ**

❶「応急措置でダメなら医者に見てもらおう」

❷「辛いのによく頑張ったな。もう休んでもいいぞ」

❸「負荷の低い練習に代えてみようか」

コツ 17

女性アスリートのやる気をアップ

# 競技で使う道具やウェアのセンスを褒めてあげる

女性アスリートのウェアや持ち物の変化に気づいたら、さりげなく褒めてあげると喜ばれるでしょう。

NGワード例

❶「どんなウェアを着ても一緒ね」

❷「ファッションなんか気にせず競技に集中しなさい」

❸「キャラクター柄の水筒なんて子供っぽい」

## 目上の人に褒められることでワンランクアップした気分になる

女性アスリートは、競技中によってアクセサリーをつけたり、派手なメイクやお気に入りのファッションに身を包むことができません。その代わり、練習用のトレーニングウェアや、競技で使う道具にこだわりをもっている人が多くいます。

たとえば、トレーニングウェアやシューズ、ソックスの色をコーディネートしていたり、水筒や持ち運び用バッグを好きなキャラクターがプリントされたものを使っていたりします。そうした部分に気づき、「ウェアの色がいいね」や「シューズ新調した？」など、声をかけてあげると、特に学生などの若い女性アスリートは喜びます。

女性アスリートは、よくチームメイトとアイテムを褒め合います。これは自分も褒められると嬉しいことから、「相手にも同じように喜んでほしい」という心理が働くためです。

**チームメイトに褒められるのも嬉しいのですが、指導者のような目上の人に自分のセンスを褒められることで、自分自身が肯定され、ワンランク上の選手になったような気分になるのです。**

ただし、褒める点を探すために上から下までジロジロ見たり、やたらとウェアに触るなど不用意なボディタッチには注意しましょう。

せっかくの指導者の行動が裏目に出てしまわないように、褒めるときはぱっと目で見て分かる変化を見つけて、さらりとスマートに褒めてあげるとよいでしょう。

**言い換えフレーズ**

❶「新しいウェア似合っているよ」

❷「好きなものを身につけると気分が上がるね」

❸「このキャラクター人気あるよね」

コツ
18

個人競技の女性コーチの取り組み①

# 身だしなみを整えて最高のパフォーマンスを発揮する

現役時代には、ウインブルドンテニス大会に出場し、女子実業団テニスチームの指導経験を持つ、井上摩衣子さんが語る女性アスリート指導のコツとは？

修正ポイント

❶ アスリートは競技にだけ集中すればいい。

❷ お化粧をする時間があるなら、もっと練習しなさい。

❸ 身だしなみを整える時間を与えず、予定をトレーニングに急きょ変える。

## 観客やマスコミに注目されることで女性アスリートのモチベーションはアップする

男性指導者にはなかなか理解しにくい事かも知れませんが、女性アスリートにとってユニフォームやヘアースタイルそしてお化粧といった身だしなみを整えることは、最高のパフォーマンスを発揮するためのアイテムなのです。

私は、プロテニス選手として世界を転戦してきましたが、**過酷なプロツアーでサバイブ（生き残る）するためには、自分の主義主張をしっかり表現する能力が必要不可欠です。強い選手は、「主役はわたしなのだ」という独特な雰囲気とオーラを発しています。**場を完全に支配しているといっても過言ではありません。

これは、あくまでも私見ですが、女性アスリートの心理状態は、特別な心理テストをしなくても理解できると思っています。声のトーン、姿勢、表情そして服装などを細かく観察すると、弱気になっているな…とか、不安なのかな…とか心の中が見えてきます。

私自身も現役時代に実施し、指導者になってからも行っている方法があります。不安を抱えている選手に対して、ロッカールームに戻って仕切り直しをさせるのです。鏡に映った自分を見直して、もう一度、身だしなみをひとつひとつ整えさせるのです。そうすることによって、選手の心が整理整頓され、試合モードに入っていくことができるのです。

指導者は頭ごなしに「髪を整えている時間があるのなら、ウォームアップしなさい」と叱るのではなく、「身だしなみを整える＝メンタルを整える」ことであると考えてみましょう。

**まとめ**

❶ 女性アスリートにとって、個性的なお化粧・ヘアスタイル・服装（ファッション）は、パフォーマンス発揮のための自己表現である。

❷ 観衆やマスコミから注目されることによってモチベーションも高まる。

コツ 19

個人競技の女性コーチの取り組み②

# 男性指導者ならではの「論理的で計画的指導」を実践する

女性アスリートには、同性である女性指導者が適任かと思われがちですが、実際はそうとは言えないのです。

修正ポイント

❶ 月経時に過剰な心配や声かけをしてしまう。

❷ 情にほだされて選手を選考してしまう。

❸「同性だからこそ分かり合える」と思い込む。

## 女性指導者は甘えを許さないスタンスを見せることが重要

私は男女両方の指導者に指導をしてもらった経験がありますが、女性アスリートには男性の指導者がついた方が良い面があります。女性の指導者は体の悩みなども含め、女性のことを知りすぎているので、お互いが過剰な気遣いをする傾向があります。そして、その過剰な気遣いが女性アスリートに伝わると、うまく利用されてしまうことがあるのです。

たとえば月経時に、女性指導者が「今日は二日目だから、特に辛いよね？」など、心配そうに声をかけてあげたとします。そうすると、女性アスリートは手を抜くことがうまいですから、実際にはそれほど辛くなくても、ちゃっかりその善意に乗っかり練習で手を抜いてしまうのです。これは女性に悪知恵があるということではなく、本能的にそういう反応をしてしまうのではないでしょうか。ですから、**女性アスリートが競技者として強く成長するためには、良い意味で細かいことが分からない男性指導者の方が、場合によっては適しているといえるでしょう。アスリートとしては、心や体のことが全て伝わらないからこそ「コーチに頼らずに自分で頑張るしかない！」と、自立する方向に動きます。そういう意味でも、女性指導者においては、「わかっていてもあえて聞かない、深く追及し過ぎない」という姿勢で指導する事が大切です。**

また、女性アスリートはときに指導者をコントロールしようとすることがあります。試合に出してほしいから、指導者の機嫌をとったり、泣き顔を見せながら情に訴えてきたりなど、あらゆる手段を使ってきます。これには若い男性指導者や経験の浅い指導者は、情にほだされないよう注意が必要です。

### まとめ

❶ 先回りしてあれこれ過剰な心配をしない。

❷ 試合に出場する選手を選ぶ基準は、予め明確にしておき、実力本位で選考する。

❸ 女性アスリートと指導者には適度な距離感が必要である。

コツ
20

個人競技の女性コーチの取り組み③

# 競技とプライベートを切り離してトップを目指す

表面上の仲の良さを競技まで持ち込んでしまうのはNG。試合はロッカールームから始まっているのです。

修正ポイント

❶「先輩だから」と必要以上に敬意をはらう。

❷ライバルから遠征先でのサポートを必要以上に受ける。

❸対戦相手を必要以上に意識して口もきかない。

## 普段は仲良しの友人でもコートに立ったら「敵」と切り替える

**プライベートでは仲がよく、SNSにツーショット写真をアップしていても、コートに立てば敵同士です。そのため「普段仲良くしてもらってありがたい」「試合がきっかけで関係がこじれるのを避けたい」などと思うような女性アスリートは、絶対に上を目指せません。**

テニスのような個人競技では「自分が一番なのだ！」と強く思う気持ちはとても大切です。ですから、自分が活躍して勝ち残るためには、たとえ相手が仲間であろうと仲良しの友人であろうと、一切遠慮してはいけません。

また、プライベートで親切にしてくれることすら、相手の戦略という可能性があります。経験上、特に海外の選手はいわゆる「仲良し作戦」を仕掛けてくることが多かったように感じました。そして、その心理的コントロールともいえる戦略にはまってしまったら、それは試合前からすでに負けたことを意味します。

一方でセレナ・ウイリアムス選手のような絶対的な存在になると「威圧だけで相手を倒せる」といいます。試合前の控え室では近寄りがたい雰囲気を醸し出しています。こちらがそれをプレッシャーに感じている時点で、試合はマイナスからのスタートとなります。つまり、試合では先に心が揺らいだ方が負けになるのです。

個人競技における「トップ」は、たった一人しかなれません。トップを目指すためには自分自身の意識を高め、相手が仕掛けてくるさまざまな戦略をうまくかわし、プライベートと競技の線引きをしっかりすることがポイントです。

**まとめ**

❶ 競技とプライベートを切り離して考える。

❷ 相手の戦略をかわしながら上手に付き合う。

❸ 「チャンピオンは私だ！」と言い聞かせて勇敢にチャレンジする。

コツ
21

個人競技の女性コーチの取り組み④

# 表面的な指導や応援は見抜かれることを心得る

試合中のささいな変化を見逃したり、表面的な指導ばかりしたりしていては、女性アスリートの心をつかむことはできません。

修正ポイント

❶ 試合の当日、対戦する選手やコーチと長時間談笑する。

❷ たくさん褒めることがモチベーションを向上させる方法だと考えている。

❸ 試合中に選手から目を離してしまう。

## 試合中のアスリートから目を離せば信頼関係の崩壊にもつながる

テニスでは指導者は試合中、アスリートから離れた場所にいることが多いでしょう。しかし、女性アスリートはどんなにたくさんの観客やスタッフがいる会場であっても「自分の指導者がどこにいて、何をしているのか」ということをチェックしています。そして、**指導者が一瞬でも、自分から目を離していることが分かったら「大事な試合のときに私を見ていない」というショックや怒りを感じ、試合に集中できなくなってしまいます。場合によっては信頼関係が一気に崩れることもあるのです。**

指導者からしたら「たった一瞬でも？」と、大げさに思うかもしれませんが、アスリートは全身全霊をかけて試合に臨んでいることを理解してほしいと思います。仮に緊急の連絡でスマートフォンを操作していても、言葉のやりとりができない状況では、そんな事情は伝わりません。「試合中に何をやっているの？」と、いらぬ誤解を生まないためにもコーチは細心の注意を払いましょう。特に相手陣営やライバルとの談笑はご法度です。

逆に指導者がアスリートに対し、媚を売るような態度も問題です。大抵の場合は「また褒めてくる…」と、やる気になるどころか内心うんざりしています。私は以前、無口であまり会話のない男性指導者にみてもらいましたが、そのコーチが重要な試合で、熱烈な応援をしてくれたことにより「この人のために頑張ろう！」という気持ちになれました。

女性アスリートは指導や応援が、本気かどうかを見抜きます。指導者は自分がアスリートから「見られている」ことを心得て指導にあたりましょう。

**まとめ**

❶ 試合中は自分の選手をしっかり見て応援する。
❷ 中身のない褒め言葉ではアスリートの心には響かない。
❸ 表面的な指導や応援はすぐアスリートに見抜かれる。

コツ
22

個人競技の女性コーチの取り組み⑤

# 安定した環境から飛び出す勇気を持つ

居心地の良い環境でプレーを続けていてもレベルを上げることはできません。思い切って自分の殻を破る勇気を持ちましょう。

修正ポイント

❶いつも同じ環境・同じ人と安心してプレーをしたい。

❷シャイなので顔見知りとしか付き合いたくない。

❸ほかの選手と交流したいが、声をかけられるのを待っている。

## 不自由な環境で必死にもがいてアスリートのメンタルは強くなる

プロテニスのダブルスは、相手を固定するわけではないので、ペアが練習やプライベートで行動を共にすることはありません。基本的には試合当日に会場に行き、その場で声を掛け合ってペアの相手を探して組みます。そのため、コミュニケーションスキルが低いと、どうしても顔見知りの人の方が安心するので、結果として同じ人とばかりペアを組みがちになります。いつも同じ人とばかり組んでいては、当然プレーの幅や能力が上がることはありません。しかし、コミュニケーションスキルが高ければ、自分より格上の選手から「一緒に組んでみない？」と誘われるチャンスがあったり、自分から一緒に練習をさせてもらうよう、お願いをしたりすることもできます。

「自分はシャイだ」という自覚がある場合は、思い切って海外の大会参加したり、いつもと違う環境でトレーニングしてみましょう。最初は不安かもしれませんが、同じ日本人や自分を知っている人がいなければ、周りの目も気になりません。**人は安定を求めるものですが、やはり上を目指すには勇気を持って現状から抜け出し、たくさんの刺激を受ける必要があります。そして、言葉が通じなければ、ジェスチェーで必死に自分の気持ちを伝えようとするはずです。こうした「不自由で思い通りにならない環境」に身を置くことこそが、自分自身を強くします。**

海外に行くことは難しいという場合は、学校以外のところで新しい友人を作るのが良いでしょう。たとえば、テニスのような個人競技であればテニスクラブに通って、新たな指導者や友人と触れ合うことも、自分を高めてくれる刺激になるでしょう。

**まとめ**

❶ 勇気を出して海外の大会に参加してみる。

❷ 自分の思い通りにならない環境が強くする。

❸ コミュニケーションスキルが高いと多くのチャンスを得られる。

コツ
23

オン・オフ切り替えの重要性

# 練習と休憩のメリハリをしっかりつける

常に厳しい態度の指導者では近寄りがたく、なかなか距離を詰めることができません。時には切り替えが必要です。

NGワード例

❶「休憩中だからって気を緩めないで」

❷「休憩中だからといって、くだらない話をしない！」

❸「常に競技のことを考えなさい」

## 休憩中は厳しい姿勢を崩して親しみのある雰囲気をつくる

指導者と女性アスリートが信頼関係を築くためには、「オン・オフ」の切り替え、つまり練習と休憩のメリハリをしっかりつけることが重要なポイントになります。

当たり前のことのように思われますが、この二つのバランスを取ることは意外と難しいのです。確かに指導者はある種、威厳を持った存在でいないと選手は指示に従いません。そのため、練習では常に厳しく指導に当たるというタイプの人も多いでしょう。

しかし、**練習時間外でも厳しい姿勢を崩さずにいると、女性アスリートからは「監督はいつも厳しくて、少しも親しみを感じられない」と疎まれてしまいます。**また、常にイライラして、怒鳴り散らしているような指導者の下で競技をする選手は次第に、指導内容に納得していなくても「怒られると怖いから従う」というAC（順応する子ども）の状態になってしまいます。

反対に指導者と友達のような関係になるのも気をつけなければいけません。フランクな関係性であるがゆえに、指導者にタメ口を聞いたり、怒られないのを良いことに自分勝手な行動をする選手もいますので注意が必要です。

大切なのは、指導者が率先して練習と休憩の空気感を切り替えることです。休憩中はジョークを言って笑わせてみるのもよいです。ジョークが苦手であれば、自分の家族やペットの話もよいでしょう。すると、女性アスリートは「練習中は厳しいけど、優しくて親しみやすい一面もあるんだな」と感じるはずです。

**言い換えフレーズ**

❶「しっかり休んだら切り替えて、練習しよう」

❷「私も会話に混ぜてくれない？」

❸「たまには、競技から離れてリラックスすることも大事」

コツ24

有効な動画の活用法とは

# 映像を使って目で見てわかる指導を心がける

曖昧な指導では、女性アスリートに正確な指導内容が伝わらず、お互いにイライラが募ってしまいます。

NGワード例

❶「なんで言葉で理解できないんだ!」
❷「何度説明したら分かるんだ」
❸「いくら注意しても治らないな…」

## 選手が理解しやすい方法を模索することも指導の一環

アスリートによっては口頭だけで指導されるよりも、実際に目で見て分かる指導をされた方が理解は早いといわれています。しかし、指導者のなかにはベンチに座ったまま動こうとせず、口頭だけで「その動きじゃだめだ」など、漠然とした指摘やアドバイスをするだけの人がいます。

こうした指導を受けた女性アスリートは、「どこがどのように悪いのか」ということを理解できず、困り果ててしまいます。しまいには、指導者の方も「何度も同じ説明をしているのに、全然改善しないな」とストレスを感じることでしょう。

**指導者は競技のテクニックを教えれば良いという訳ではありません。そのテクニックをどう工夫して伝えたら、ストレスなくスムーズに理解してもらえるのかを考えることも大切です。**相手のことを考えない指導は、ただの知識の押し付けです。

実際に目で見て分かる指導として、まずは身振り手振りが挙げられます。きちんと選手の傍に立ち、一緒に手足を動かしながらアドバイスすることを心がけましょう。

次に有効な方法は、試合や練習の風景を録画して一緒に体の動きを確認していくことです。最近ではスマートフォンが普及していますから、積極的に活用するとよいでしょう。そして、運動の修正はすぐに行うのが効果的ですから、遅延フィードバックを利用すると、自分の動きをすぐに見ることができます。問題点の指摘だけではなく、良いフォームやプレーの部分で褒めてあげることで、やる気にもつながります。

**言い換えフレーズ**

❶「手本の動きを見せるよ」

❷「言葉では説明が難しいから録画した映像を見よう」

❸「悪いフォームを録画するから、後で一緒に確認しよう」

コツ
25

# 上下関係に囚われない良好な関係を築かせる

練習始まってるのになぁ…
駅前のケーキ屋さん行った？
ぺちゃくちゃ
まだ行ってないよー

チームメイト同士が良好な関係を築くには、上下関係に囚われないような工夫をすることが大切です。

**NGワード例**

❶「先輩のやることは絶対！間違っていない」
❷「先輩の言うことに従うべき」
❸「年下のくせに偉そうにするな！」

## 年齢や学年関係なくグループを作り年下でも意見を言えるようにする

テニスや卓球などの個人競技では、周囲に気を遣わず一人で黙々と練習をしたり、試合においても競技者だけが頑張れば勝てるようなイメージを持っている人もいるかもしれません。しかし、実際は支えてくれる指導者と、切磋琢磨しあえるチームメイトがいるからこそ成長できる"団体戦"と考えましょう。

特に女性アスリートにとって、先輩や後輩、同級生と良好な関係性を築くことはとても重要なことです。チームメイトとの関係がよければ、やる気や向上心、協調性につながります。反対に関係が悪ければ、最悪な場合、意地悪をしたり足の引っ張り合いをしたりと、マイナスな行動に出ることもあり得るのです。

よくあるケースは、大学の部活動における先輩と後輩の不健全な関係性です。たとえば、最高学年である4年生が練習をさぼったり、練習中にふざけてケガをしそうな危ない取り組みをしていたとします。本来ならば、後輩であっても間違っていることは相手が年上でも指摘すべきところですが、「年下なのに生意気！」と言われるのが怖くて、言い出せないことがあります。

こうした事態を防ぐために有効なのが、**チーム全体を学年ごとで区切るのではなく、1～4年生の混合チームにグループ分けする方法です。そうすれば、年齢ではなくグループ内での結束が高まりますので、低学年であっても、意見を言いやすい雰囲気になるのです。**

グループ分けをする際、指導者は学生の女性アスリートに対し、「大人になって社会に出たら、年下が上司や先輩になることもある」と説明をすると、選手たちも納得します。

**言い換えフレーズ**

❶「間違いに気づいたら、先輩でも指摘しよう」

❷「先輩の良いところはたくさん吸収しよう」

❸「年上だからって偉いということはないよ」

コツ
# 26

## 伝えたいことは的確な言葉を選んで伝える努力をする

### 選手と共通認識を持つ

あれ忘れずにやっておいてね！
球拾いかな？
はーい！

物事に対するイメージや理解度は人それぞれ。自分の言いたいことを理解させるのは想像以上に難しいことです。

**TEST**

指導者は「円の中に点を2つ、三角形を一つ、棒を一本書いてください」と伝えてみてください。選手は指導者がイメージした通りの図柄を正確に描くことができるでしょうか？質問に対して、指導者は「好きなように書くように」と伝えましょう。

## 伝えたいこと正しく伝えるには付加的な情報をつける

指導者のみなさんは、日頃自分が伝えたいことが、100％選手たちに伝わっている自信はあるでしょうか？　たとえば「今日の試合はこういうプレーでいこう」と指示しても、試合が始まったらイメージとは違うプレーを始めたということがあるでしょう。

交流分析において、人と人とのやりとりは大きく3つのパターンに分けられます。一つ目はスムーズな交流です。指導者が「明日は朝9時に集合だ」と指示し、選手が「はい」と素直に従えば、問題なく終わります。これは指導者のCP（批判的な父親）に対して、選手はAC（順応する子ども）の自我状態で対応しているためです。二つ目は行き違いの交流です。「朝9時集合」に対して、「なぜですか？」と返されると、指導者は「つべこべいうな」と、予想通りにならずに苛立つという状況です。

三つ目に裏面交流がありますが、これがときに面倒な事態を引き起こします。「朝9時集合」に対して、「朝10時に来ます」と選手が答えます。指導者は「好きにしなさい」と答えるとしますが、当然この言葉には「10時に来たらどうなるか分かってるな？」という意味合いがあります。しかし、真に受けた選手が本当に10時に来て怒られても、「好きにしなさいと言ったのに…」と、腑に落ちないということになります。やや極端な例ではありますが、絶対に起こらないとは言い切れないでしょう。

つまり、**必ずしも相手は自分のイメージ通りに受け取るとは限らないことが分かります。自分の伝えたいことを正確に伝えるには、的確な言葉選びや、付加的な情報を多くつけて共通認識をもつことが重要です。**

ANSWER

テストの結果、顔のような図柄を書く人もいれば、「円」と漢字で書く人もいるでしょう。このテストに間違いはありません。描かれた図柄すべてが正解です。全員に同じ絵を描いてほしければ、よく考え具体的に伝える必要があります。

コツ27

相手の考えを想像する

# ロールレタリングで相手の気持ちを理解する

余計なトラブルを起こさないためにもロールレタリングに取り組み、相手の立場になって物事を考えることが大切です。

選手からの手紙

❶「本当はもっと褒めてほしい」

❷「いつでも大声で話すのを止めてほしい」

❸「たまには自主練習の時間もほしい」

## 指導者と選手がそれぞれ相手の立場になって考える

人にはそれぞれ容姿や性格のこと、生い立ちのことや過去の辛い出来事など、絶対に言ってはいけない言葉があります。その急所を突つくことは、これまで築いてきた関係性が一気に崩壊する恐れもあり、場合によっては、修復不可能になることもあります。

心理療法のひとつに、「ロールレタリング（役割交換書簡法）」という手法があります。これはもともと罪を犯した少年が、相手（被害者）の立場になって考え、反省するために少年院で考案されたものです。加害者が被害者へ手紙を書き、その手紙に対して今度は相手（被害者）になりきって自分に返事を書くことで、次第に被害者の苦しみに気づいていきます。

これはメンタルコーチングの現場でも活用することができます。例えば、選手が指導者に対して不満があっても言えない状況にいたとします。まずは指導者に「頑張っているのになぜ褒めてくれないのか？」という内容の手紙を書きます。これに対し、自分のこれまでの言動を振り返りながら、指導者の立場になって考えてみると、「時々練習で手を抜くことがある」ことに気づき、この内容を手紙として書きます。こうしたやりとりを一人で何度か続けていると、人は自然と態度や考え方を改めるようになります。そうすれば、呼応するように相手の態度も変わってくるでしょう。

**ロールレタリングは、選手だけではなく指導者にもおすすめします。そうすれば、指導者も心無い言葉で選手を傷つけてしまうことを未然に防ぐことができます。特に、女性は一度言われたことはなかなか忘れませんから、指導者と選手が大きな衝突を起こさないためにも、両者が実践することがポイントです。**

### 指導者の立場で考える

❶「練習で時々手を抜くことに気づいてるよ」

❷「大声でないと、いつまでも無駄話を止めないでしょう?」

❸「みんなのことが心配なんだ」

コツ28

負の感情を溜め込まない方法

# 競技に集中できないメンタルのときはイメージで気持ちを切り替える

アスリートはたとえ体調が万全であっても、精神的に不安定な状況では試合で力を発揮することはできません。

思いきり吐き出しなさい
彼氏にフラレターっ

NGワード例

❶「辛いことはさっさと忘れろ」

❷「試合中まで引きずるんじゃない」

❸「悩みがあるなら言いなさい」

## 大きな箱をイメージさせて その中に苦しみや悲しみを吐き出させる

アスリートは心と体のどちらも調子がよく、両方が統合したときにパフォーマンスを発揮することができます。つまり、体のコンディションが万全であっても、心に迷いや不安を抱えていると十分に力を発揮できないということです。

例として、元フリースタイル・スキーモーグルの里谷多英選手の話があります。里谷選手は、長野オリンピックを翌年に控えた1997年に最愛の父を亡くしました。競技引退を考えるほど落ち込みましたが、悲しみを乗り越えながら、長野オリンピックの決勝までたどり着くことができました。

しかし、決勝の前夜、「決勝」という重圧と父への思いで、試合に集中できない状況だったそうです。その様子に気づいたコーチは里谷選手に「試合で悲しむのではなくて、今しっかり悲しもう。でも試合に出たら集中する。試合が終わったら、また悲しんでいいんだよ」という様な声かけをしました。その言葉のおかげで、里谷選手は思い切り泣き、悲しみを吐き出すことができたといいます。そして、試合当日は競技に集中し、見事金メダルを獲得することができました。

**選手が精神的に不安定な状況に陥ったとき、指導者はイメージで気持ちを切り替えをさせると効果的です。試合や練習の前に大きな箱をイメージさせて、その箱に今自分が抱えている苦しみや悲しみを全部吐き出させます。**そして、その箱をいったん閉じて、また試合や練習が終わったら、その箱を開けさせるというイメージを持たせると、選手は「無理に忘れなくてもいいんだ」と、少しずつ気持ちが軽くなります。

### 言い換えフレーズ

❶「無理に忘れなくていいんだよ」

❷「試合が終わったら、また一緒に悩もう」

❸「吐き出すことで楽になるよ」

コツ
29

悩みの根源を探る

# 相談を受けたら過去の話も聞いてあげる

指導者は悩み相談を受けたら、「今」だけではなく、過去を振り返る意味を伝えることが重要なポイントになります。

**NGワード例**

❶「過去は忘れて、今と未来だけを見よう」
❷「過去のミスはもう忘れていいよ」
❸「いつまでもウジウジ悩んでいるんじゃない」

## 今の自分が存在しているのは過去の積み重ねがあることを理解する

指導者はときにアスリートから悩み相談を受けることがあります。相談の内容は競技の悩みや人間関係の悩みなどさまざまでしょう。しかし、どんな悩みにも共通していえるのは、過去の話をしっかり聞くことが重要なポイントになるということです。

メンタルトレーニングにおいて、「今から頑張ればいい。過去は変えられないけど、未来は変えられるよ」という考え方があります。一見するとポジティブな考えのようですが、実はこれこそが最大の誤解なのです。

なぜなら、**今の自分がここにいるのは過去の積み重ねがあるからです。それなのに、過去を一切見ないで今だけを見つめても何の解決にもならず、結局未来を変えることもできません。**これは交流分析の理論で、人生を一つのストーリーに見立てることから、人生脚本（ライフスクリプト）といいます。

たとえば、「試合でいつも同じようなミスをして負ける」と悩む選手がいます。その選手に、「終わったことは忘れて、次の試合を頑張ろう！」と励ましても、根本的な解決にはならず、また同じミスを繰り返すでしょう。指導者は過去の試合を振り返り、そこでどんなミスがあったかを突き止めないと、問題の解決にはなりません。

選手が相談に来るときは落ち込んで見えても、実際は少しずつ前向きになっている状態です。どん底まで落ち込んでいる人は、相談に来るエネルギーなど残っていません。ですから指導者は、前を向き始めた選手の兆候を逃さないように注意しましょう。

### 言い換えフレーズ

❶「今があるのは、過去の積み重ねがあるからだよ」

❷「伸び悩みは過去のミスが原因かもしれないね」

❸「相談に来たのは前向きになっている証拠だよ」

壁はきっと超えられる

# コラム 競技における先駆者とライバルの存在

かつて陸上競技では「100m10秒で走る」というのは人類にとって不可能であると言われていました。しかし、1968年に開催されたメキシコ五輪で、アメリカのジム・ハインズ選手が男子100m決勝において、ついに9秒95という世界記録を樹立し、優勝しました。1983年にはアメリカのカール・ルイス選手が平地で初めて10秒を切りました。その後、9秒台で走るスプリンターが続々と登場し、今や世界では9秒台で走るというのが当然になっています。

**「不可能だ」と言われていたことも、誰か1人が達成すると、それに追随するように達成する人々が出現します。**もちろん、時代の流れとともに競技器具の進化や充実、トレーニング法や優れた指導者の登場なども理由として挙げられます。しかし、アスリートの「あの人ができたのだから、きっと私にもできるはず」という強い心理が働くことも一因だとされています。

また、アスリートにとってライバルという存在も心理的に大きな影響を及ぼします。初めは同世代で活躍するアスリートに対して、「あの人と同じ学校に通って、一緒に練習したい」と、憧れの気持ちを抱くものです。しかし、自分の競技レベルが上がると、今度は「試合であの人に勝てるようになりたい！」と、憧れからライバル心に変わります。スポーツの世界で、同世代から優れたアスリートが多数現れるというのはよくあることですが、これは若いアスリートたちがライバルと切磋琢磨するからこそ、生まれる現象といえるでしょう。

# PART 3

# 女性アスリートがまとまりチーム力がアップする方法

団体競技の指導者の取り組み①

# コツ30 女子選手は同じ練習メニューでも苦にしない

全国トップレベルの小学生の女子ミニバスチームの監督を務める小鷹勝義監督。女子のチームを運営するのに大切なことは何か？

修正ポイント

❶ チームのために痛みを我慢させる。

❷ 習得スピードの遅さを叱る。

❸ 多感な時期の女子に月経について率直に尋ねる。

## 女子の性格や体について理解して適切な指導を心がける

男子と女子の両方を指導したことがありますが、男子は集中力が足りず、すぐに別のことを始めようします。練習メニューも「これは終わり！次はこれ！」というように、こまめに変えないと飽きてしまい、全然長続きしないのです。一方、女子は同じメニューでも飽きることなく、延々と取り組むことができます。集中力が散漫だと本人がケガをするだけではなく、ほかの子も巻き込んでしまう恐れもありますから、そういう点でも女子は安心できます。

女子は真面目に長時間同じことを継続できる反面、男子に比べて覚えるのに時間がかかります。男子は身体能力が高ければ、お手本を見て真似をすることで、どんどん技術を習得していきます。しかし女子は筋力の違いも一因かもしれませんが、コツコツとやっていかないと覚えられないという子が多いです。それは頭で考えながら地道にやっていくということですから、女子が劣っているということではありません。

また、**高学年になると月経が始まる子がいますので、気を遣います。**小学生でも症状が重い子はいるので、**練習を休んだり、練習に来ても参加できない状況になったら「大丈夫だよ。気にせず休みなさい」と声をかけるようにしています。**決して無理をさせず、その日できることをやれば良いでしょう。

男性の指導者が思春期のしかもたくさんの女子に、月経に関してストレートに聞くことはなかなか難しいでしょう。強いチームは保護者との信頼関係がありますので、保護者から月経の有無や、症状などについて申告してもらうと良いでしょう。

**まとめ**

❶ 体調が悪いときは無理をさせない。

❷ 女子アスリートの集中力や継続性を褒める。

❸ 月経については保護者から申告してもらう方法もある。

コツ 31

団体競技の指導者の取り組み②

# 褒めるときも叱るときも みんなで共有する

団体競技の女子チームはいろいろなトラブルを抱えているケースが多くあります。効果的な対処法を考えましょう。

今のプレーがなぜ
よかったのか？
考えてみよう！
そうだなー
うーん…

修正ポイント

❶ 褒めるときも叱るときも個別に呼び出す。
❷ チーム内の不穏な空気に鈍感。
❸ 原因から解決法まですべてを先に提示する。

## 個別に対応するのではなく
## みんなで共有して考える

女子チームを指導していると、何かしらのトラブルでぎくしゃくしているなと察知することがあります。とかく女子はグループを作りたがりますので、そのなかで誰かを仲間はずれにしたり、ちょっと気に入らない子の物を隠したり悪口を言いふらして、チームの空気をかき乱すということがあるのです。

こうしたチームの乱れを正すために、私は全員に対して間接的に伝える方法をとっています。団体競技であれば練習後にミーティングを設けていると思います。そこで私の過去の経験として「先輩たちがチーム内で上手くいかないことがあったけれど、それを解決したら全国優勝できたよ」と話します。もう少し具体的なケースだと「いじめをしているように見えるよ。このままでいいのかな?」と問いかけます。いずれにせよ、**こちらで明確な答えや解決法を提示するのではなく、自分たちがやっていることを反省させ、考えさせることがポイントです。**

指導者によっては、個別に呼び出して直接指導しているケースがあるでしょう。しかし、選手たちに悟らせることが大切です。こうした指導の成果もあり、私のチームの選手はよく、「考える力がすごくある」と褒められています。

個別対応しないのは、褒めるときも同様です。練習中に良いプレーをした子がいたら、一旦練習を止めて「今のプレーよかった!みんなは何がよかったと思う?」と、一緒に考えるようにしています。バスケットは団体競技ですから、みんなで共有することが大切です。

**まとめ**

❶ 個別指導ではなく、みんなで共有する。
❷ チーム内の異変をすばやく察知する。
❸ 物事に対して考えるくせをつけさせる。

コツ
32

団体競技の指導者の取り組み③

# アスリートの意識を変えるには環境を変化させる

プロのアスリートも最初から強いメンタルな訳ではありません。いくつもの壁や重圧を乗り越えることで強くなるのです。

**修正ポイント**

❶ チームが強いのは自分がいるから。

❷ 後輩やベンチの選手はレギュラーをサポートして当然。

❸ 自分だけが活躍すればいい。

## 逆境を乗り越えたり責任を背負うことで強くなる

これまで指導してきたなかで、オリンピック日本代表に選出された選手もいます。たとえば、吉田亜沙美選手は学生の頃は大人しくて、恥ずかしがり屋な子でした。しかしプロになった現在は、コートに入るとものすごい迫力で、審判に詰め寄ったりオーバージェスチャーでアピールするほどになりました。

彼女が強くなったのは、オリンピック出場チームのキャプテンを担ったからでしょう。それまではたくさんの先輩キャプテンを見てきたのが、今度は自分の番になった訳ですからその責任の重さや重圧は相当なものです。多くの人たちの期待を背負うオリンピック選手であるという責任が彼女を変えたのでしょう。

そしてもう一つは、過去に大ケガをしたことがきっかけと考えられます。彼女はケガにより一時期、競技を離れていたことがあります。そのときに「いろいろと勉強になることがあった」と本人も言っていました。ケガをするまではシュート練習の時、自分がポンポンと打っていたのを後輩が拾ってくれていました。しかし療養中は、自分がボールを拾って、ほかの選手に渡してあげるというように立場が逆になりました。この時期に「みんなで戦うとはどういうことか?」と、これまでの自分を振り返り、周囲のサポートに対する感謝の気持ちを持つことができたのでしょう。

**もちろん競技人生においてケガをしない方が良いに決まっています。しかし、逆境を乗り越えることで選手は感謝の気持ちに気付き、チームのために強く変わることができるのです。**

まとめ

❶ 団体競技は自分だけの力では勝てない。

❷ チームメイトや支えてくれる人に感謝する。

❸ チームのために何ができるのか考える。

団体競技の指導者の取り組み④

コツ33

# 選手と保護者から信頼を寄せてもらう指導を心がける

高いレベルでの競技を望むのであれば、ある程度の年齢でアスリートには保護者からの精神的自立が求められます。

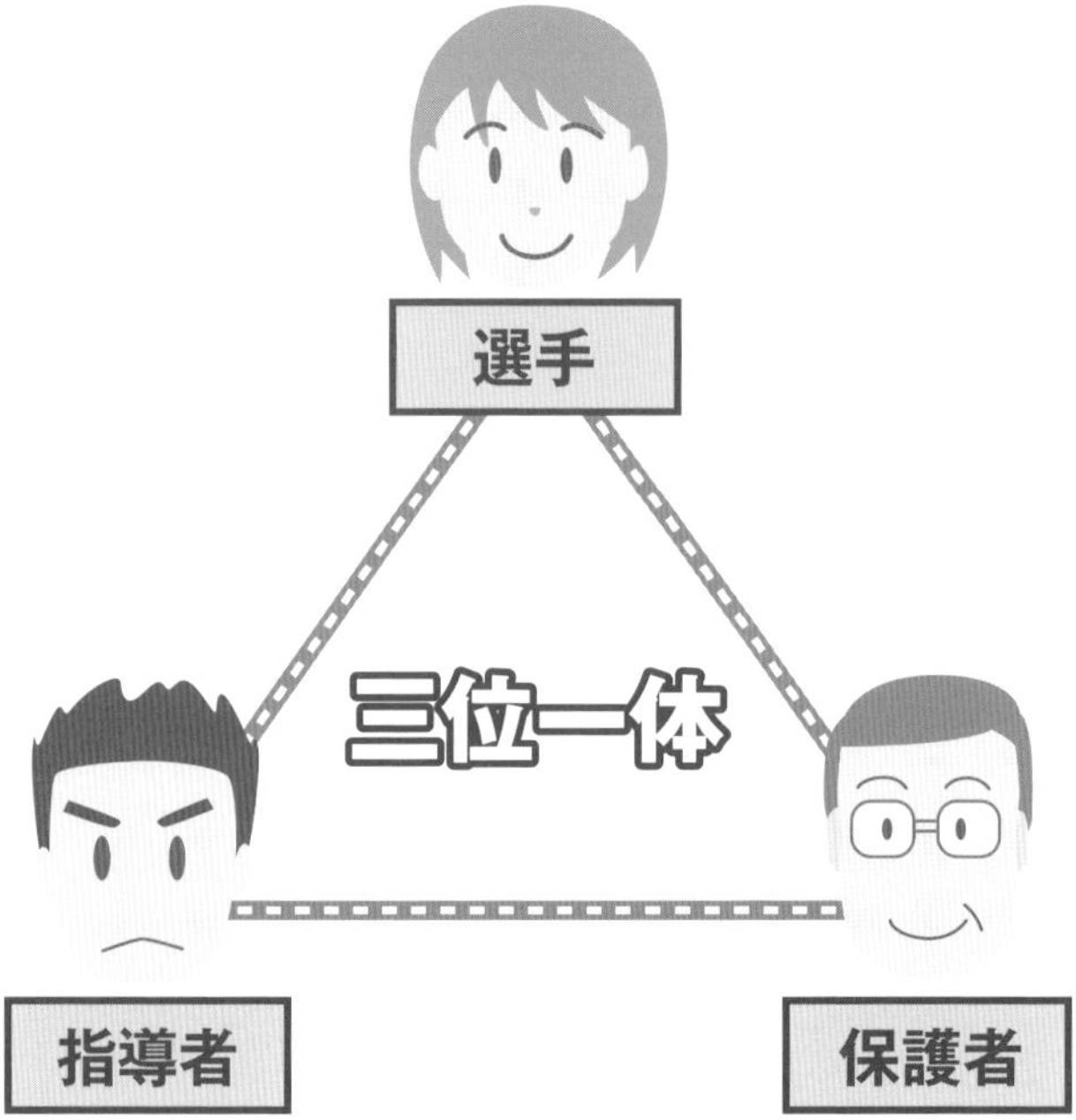


修正ポイント

❶ 独りよがりの指導で信頼されない。

❷ 高校生になっても親離れできない。

❸ 親には試合の様子だけを見てもらえばいい。

## 中学を卒業したら選手は親離れ親は子離れをする

団体競技の指導をしていて感じることは個人競技とは違い、チーム内の揉め事、親の揉め事などさまざまな問題があることです。とくに小学生の団体競技は三位一体、つまり選手、保護者、指導者のバランスがとれていることが重要です。

今は指導者が選手に対して手をあげることに厳しくなっていますが、三位一体が崩れた状態、要は親と選手本人から信頼されていなければ止めるべきだと思います。両者から信頼されていれば、厳しい言葉での叱責や多少手をあげたりしてもクレームにならないでしょう。団体競技の指導者は信頼関係がいかに重要かを肝に銘じてください。

保護者の信頼を得るには、日頃の練習風景を見てもらうことが大切です。練習を見てもらえば、指導の様子はもちろん、子どものレベルや真剣度など、いろいろなことがわかるはずです。私は「とにかく練習を見に来て。お子さんが頑張っているから見てください」と呼びかけています。保護者の協力や見守りは大切ですが、試合中に勝手に選手たちに指導を始めてしまったり、休憩時間や休憩場所にまで細かく口出しをするのは控えて欲しいものです。

中学生でも三位一体のバランスは必要ですが、**高校生になれば、選手と指導者という一対一の世界になります。そうなれば、保護者は余計な口出しをせずに、金銭面でしっかりサポートしてあげるくらいでよいです。高校生になったら、むしろ精神的に自立しているくらいでないと、高いレベルを目指して戦うのは難しいでしょう。**

まとめ

❶ 中学生までは三位一体を大切にする。
❷ 高校生になったら親から精神的に自立する。
❸ 試合だけではなく、日頃の練習風景も見てもらう。

コツ 34

女性は団体行動が得意？

# 練習をチーム制にすることで仲間全員で勝つことを意識する

周りに気を使い、全力を出せない女性アスリートがいる場合、複数のチームに分けて練習させることで全力を引き出します。

もちろん！
練習試合でも全力でやろうね！
がんばろう！

NGワード例

❶「声を出して！もっとチームの中でアピールしなさい」

❷「（他のチームメイトの前で）勝ったんだからもっと喜びなさい」

❸「今日は各自が自主練習しよう」

## 女子チームにおける練習は、個人戦よりもチーム戦の方が全力を出しやすい

社会の中で「周りを蹴落としてでも出世したい」と考える男性に対し「同僚に嫌われないように周りに合わせよう」と考えがちな女性。このようなタイプのアスリートは、同性の中での自分の立場を、常に意識しています。

争いを避け周囲に気を使う姿は、一見すると競技に向いていないようにも思えますが、男性が個人での練習を好むのに対し、女性は団体の練習を得意とする傾向にあると言われています。

これは、「チーム全体で頑張りたい」という女性の気持ちが強いからだと考えます。逆に、チームメイトに迷惑をかけたくないという気遣いが、プラスにもマイナスにも作用すると理解しましょう。

女性アスリートは、チーム内の練習試合で勝ったとしても、相手に気を使い手放しに喜んだりはできません。これは相手が不機嫌になってしまうことや、見下していると誤解されたり、以降の関係が悪くなってしまうことを恐れているからです。仲間に気を使うあまり、本当は能力をもっと出せるのにパフォーマンスを下げてしまっていることも多々あります。

**女子チームにおける練習は、個人で練習させるより、複数のグループに分けて練習をさせたほうが全力を出せます。**個人同士で優劣をつけあうことはストレスになりますが、チーム同士の競争となると、試合相手のことより仲間のことを第一に考えるからです。

分け方のコツとして、モチベーションの高い人と、自信をなくした人をあえて同じチームにすることで、全体のモチベーションを上げることができます。

### 言い換えフレーズ

❶「チームの中で自分の役割を考えてみて」

❷「今までの努力が実ったね！　おつかれさま」

❸「今日はチームを3グループに分けて練習してみよう」

コツ
35

相手に伝わるアドバイスの仕方

# 選手の欠点やミスを叱責せずモチベーションを維持する

頭ごなしに叱るだけでは相手に伝わりません。言い方を少し変えるだけで、指摘を前向きに考えられるようになります。

すみません…
なんでお前だけできないんだ!!
簡単だろ!?
ぐち ぐち
ぐち
テンションDOWN

NGワード例

❶「欠点の○○はチームの足を引っぱっているぞ!」

❷「みんな一緒に練習したのに、なぜお前だけできないんだ!」

❸「このくらいのことは簡単にできるはずだぞ」

## 怒ってばかりは逆効果 ネガティブにさせる欠点の指摘

「褒められて伸びるタイプなのか」「叱られて伸びるタイプなのか」。時に指導者は、人間的に成長させるためにどちらのパターンを使うべきか考えます。その見極めは難しく、相手の性格を読み違えるとモチベーションを低下させてしまうことがあります。

競技においても同じで、「なぜ欠点の○○が直らないんだ！」という言い方と「欠点の○○を直すためには、こうしたらもっとよくなる」という言い方があるとします。同じ欠点を指摘しているのですが、前者は感情的で頭ごなしに怒っているようで、後者は相手のことを考えたうえのアドバイスになっていると思いませんか。

身体能力には差があるので、言われたことをすぐ飲み込める人と、人一倍練習を積まなければ自分のものにできない人がいるのは当たり前の話です。**欠点を指摘するときには、他のチームメイトと比較しての発言や、このくらいの能力はあってほしいという自分の理想を押し付けるのは控えるべきです。**個人が以前よりどのくらい成長できているのかを見て、もっと良くなるためにどうすればいいのかアドバイスを付け加えるようにしましょう。

女性だからといってキツイ言い方をしてはいけないという話ではありません。それぞれの成長速度を理解し、能力の差を把握した上で伝えることが大事なのです。前向きに練習に励むかどうかは個人の問題です。それぞれの欠点を理解させ、乗り越えるためにはどうしたらいいのか、成長を促すためのやる気を刺激するのがよい指導者と言えるでしょう。

**言い換えフレーズ**

❶「欠点の○○を直せば、もっといい選手になれる」
❷「人それぞれのペースがあるのだから地道にがんばろう」
❸「練習をもっと積めばいつか必ずできるようになる」

# コツ36

指導者と選手との距離感

# 指導者は言葉だけではなく体を動かして指導にあたる

ときには指導者自ら練習に参加し、一緒に体を動かすことで「選手と同じ目線に立ってくれる」という親近感が生まれます。

しっかりやれよー
いつも座ってばかり…
監督のお手本が見てみたいなぁ…

NGワード例

❶「今日のメニューはコレ！　時間内に終わらせて」

❷「体力に余裕があるならもう5周！」

❸「練習が終わったら、さっさと片付けなさい」

## 指導者も同じ練習を体験し選手の目線に立つ

言葉だけで指示し、身体を動かさない指導者が多いと思います。指導者だから全体の動きを見ていなくてはいけないという意見や、女性アスリートと指導者は別物なのだから、同じことをしても意味はないと、いつの間にか選手とのあいだに壁を作っているかもしれません。もちろんその考えが間違えているわけではないのですが、すべての競技・チーム・アスリートに受け入れられるとは限りません。

とくに女性は、自分がつらいときに「この思いを分かってほしい、共感してほしい」と思うものです。努力しなければいけないのは自分自身だと感じていても、指導者の考えた練習メニューに対し「自分が体験していないから、こんな無茶なメニューを組むんだ」「口でばかり指示しているけど、自分は同じことができるのか？」と指導者を責めるような考え方になってしまうこともあります。

空気を一新するためにも、言葉だけでなく、ときには一緒に身体を動かす指導法を取り入れてみましょう。練習メニューのすべてではなく、ストレッチやランニング、ボール拾いなど、一部だけでも構いません。そうすることで選手たちの不満が解消され、「チーム全員が思いを共有している」という連帯感が生まれます。

**指導者が練習に参加することによって生まれるのは、共通の意識だけではありません。女性アスリートと同じ目線に立つことによって、それぞれの得意とする部分や伸ばすべき部分、ウィークポイントが見えてくるはずです。**

**言い換えフレーズ**

❶「この練習はキツイな。でもこの練習は試合の〇〇で役に立つよ」

❷「練習が終わったら、みんなでストレッチしてクールダウンしよう」

❸「コンディションが良いなら、もう少し別なメニューをやってみようか」

コツ 37

当事者の気持ちに配慮する

# チームメイトとの関係を友好に パフォーマンスをアップする

ムムッ
わたしやっぱり○○ちゃんとうまくやれる自信ない…
ううっ もう辞めたいな…
大丈夫?

競技は競技、と割り切った考えができない女性もいます。指導者はギクシャクしている関係に気付くことが大切です。

**NGワード例**

❶「○○と××は仲良くしなさい」

❷「プレイがよければ、人間関係なんてどうでもいい」

❸「練習中・試合中は割り切って考えなさい」

## チームメイトとの仲がよければ競技へのやる気も出る

チームメイトとの関係がうまくいかず、高い能力を持ちながら、それを活かし切れていない女性アスリートは多く存在します。

男性アスリートは「競技で実力を出し切ることが一番」と割り切った考えができる人が多いのに対し、女性は競技と同じくらいチーム内の人間関係に比重を置きます。人間関係の悩みを誰にも相談できないまま、チームを去ることになったり、大好きなはずだった競技をやめてしまうことになったりと、その後の人生も左右してしまいます。

指導者は早い段階から女性アスリートが悩んでいることに気づいて、関係の修復を試みることが大切です。そのためには日頃から、チームメイト同士の何気ない会話や、練習中の様子をよく観察して、異変を察知することがポイントです。

個別に呼び出して「仲良くやりなさい」とストレートな指導をすると、デリカシーがないと思われるので注意しましょう。スマートな方法として、ミーティングなどの場でさり気なく「今、チーム内で悩みを抱えている人がいるみたいだよ。お互いを思いやれると、チームがもっと良い方向に向かうよね」と、当事者の気持ちに配慮しながら間接的に伝えることをおすすめします。

**チームメイトとの関係がうまくいっていれば練習へのやる気もアップし、みんなのために頑張りたいという気持ちも出てきます。**女性の心理は複雑なようですが、よく理解できればチーム全体を良い方向に持っていくことができるでしょう。

**言い換えフレーズ**

❶「チーム内で悩んでいる人がいるみたいだよ」

❷「チームを強くするには人間関係も大切だよ」

❸「無理して割り切ろうとしなくてもいいよ」

コツ
38

運動学習理論の応用

# 基礎練習＋実践練習で実力を発揮する！

単調な反復練習だけど最後まで集中してやりきろう！
わかりました！

毎日の基礎練習はそのまま継続させ、予測の付かない練習メニューをプラスすることで本番の試合で勝つ力を養います。

NGワード例

❶「いつも通りやればいいんだ」

❷「試合に勝つためにはこれだけやればいいんだ」

❸「何も考えず、メニューをこなしなさい」

## 基礎技能(スキル)を高める「恒常性練習」と実践的な「多様性練習」

一般的に女性の方が単調な練習でも忍耐強く続けられると言われますが、トップアスリートを対象にした研究では、有意な差は認められません。アメリカのスポーツ心理学者レイナー・マートンは「人間は生物学的には男性と女性に分類されるものの、これまでの研究からは、男女はむしろ類似しているということを学んできた」と述べています。

しかし、最近の脳科学の研究では男脳と女脳があることもわかっており、ヒトの脳は左半球と右半球にわかれていて互いに脳梁とよばれる神経繊維の束でつながっています。女性の方が一般的に脳梁が太いので、左右半球の脳の接続がよくなり、創造性や芸術性が豊かな一方、直感や感覚でものごとを判断するタイプになるという興味深い報告もされています。

試合におけるパフォーマンスの出来不出来を決定する要因は、運動スキルの習熟度が影響します。運動スキルを効率よく獲得するためには、運動学習理論を応用した練習が効果的です。一般的に運動学習の初期段階では、同一環境下である一定の動作を何度も何度も繰り返す恒常性練習をします。しかし野球のバッティングで例えるならば、ピッチャーの投げるボールは、一定ではなく、コース、スピード、高さは様々変化するわけですからこれに対応するための練習をしなければなりません。こういった練習を「多様性練習」といいます。多様性練習はブロック練習と、シリアル練習、ランダム練習の3種類があり状況によって選択が必要です。

**言い換えフレーズ**

❶「この練習にどんなテーマがあるか考えてみよう」

❷「勝利に近道はない! 地道にがんばろう」

❸「試合をイメージしながら試合を想定した練習に取り組んでみよう」

コツ39

指導者からの一方通行な練習メニューの提供

# テーマ・目的を明確にし練習に取り組ませる

女性アスリートへの指導は、きちんと説明し、先に納得させること。「意味のあることだ」とわかれば熱心に取り組みます。

今日この練習をするのは○○だからよ
はいっ！
なるほど！

NGワード例

❶「練習メニューは私が考えるから、君たちは何も考えなくて良い」

❷「今の時期はこの練習をやっておけばいいんだ」

❸「ミーティングで発表した練習メニューを急きょ今日から廃止します」

## 不信感や疑問は後から爆発する時限爆弾のようなもの！

女性トップアスリート達は、曖昧な言い方を嫌い、なぜそれをしなければいけないのか、なんの意味があるのか納得してから物事を進めたがります。「なぜこの時期にこの練習をするのか意味を知りたい」と疑問をぶつけてくることがあります。一見、指導者に反発し、生意気な態度を取っているようにも捉えられますが、それは大きな間違いです。

**女性アスリート達は目的をはっきりさせ、意味のあることだと理解できれば自ら積極的に物事に取り組んで行きます。**意見をぶつけず従う男性のほうが扱いやすいように見えますが、練習自体をさぼったり、試合でうまくいかなかったときなどに「指導者の言う通りにしたのに失敗した。あいつの指導方法が悪い」と責任転嫁することもあります。

女性アスリートが疑問点をぶつけてくることは、**指導者の意図を理解しようとしているサインなのです。お互いの理解が深まるチャンスだと捉えて、面倒くさがらず丁寧な説明を心がけるようにしましょう。**

わかりやすい説明に、紙に書いて読ませるという方法があります。同じ話をしていたとしても、それぞれのメンバーで捉え方が変わってしまうことがあるからです。チーム全員の共通認識として理解してもらうため、一つ一つ確認しながら話を進めていきましょう。曖昧な指導は、誤解を生みだすきっかけになってしまいますので気をつけましょう。フィーリングでの指導は、女性には向いていません。

**言い換えフレーズ**

❶「何か疑問に思っていることはある？」

❷「今フィジカルを強化すると、夏場の試合でも体力が落ちないよ」

❸「次の試合相手が決まったので、今日は対戦相手を想定した実践練習を行います」

コツ
# 40

キャプテン主導のチームの限界とは

# チーム内でキャプテン以外のポジションを作る

チーム内で温度差が生まれるのは、キャプテン絶対主義になってしまうから。各自が役目を与えられることで責任感が強くなる。

NGワード例

❶「(キャプテンに対し)チームがバラバラじゃないか」

❷「キャプテンの言うとおりにして」

❸「キャプテンでもないのに練習内容に口出ししないで」

## 与えられた仕事を全うしたい気持ちが力を発揮する

チームの成績が上がらない理由のひとつに、キャプテンだけが責任を感じ、ひとりで問題を対処しようとしていることがあります。他のチームメイトも、改善すべき点があることは気づいているのですが、どこか蚊帳の外のように感じています。

チームや組織の中で、例え何か疑問があっても、それを当事者に直接伝えることは難しいものです。これを言ったら傷つくのではないかと気を使い、有効なアドバイスも飲み込んでしまうことがあります。キャプテンであるならまだしも、能力が同じくらいのチームメイト、後輩の立場ならなおさらです。「ここを直せば良くなるのに、キャプテンでもない私が指摘するのは余計なお世話ではないか」と考えて、良くなる可能性を消してしまうのは、非常にもったいない話です。

キャプテンだけに責任が集まってしまうことは非常にストレスになりますし、個々が成長するためにはお互い高め合うことが重要です。**女性アスリートの特性として、責任感が強く、自分がリーダーになることで心理的ストレスを過剰に感じてしまうことがあります。**

**その対策として、チーム内でキャプテンをサポートする人やメンバーの役割分担表を決め、全員の帰属意識を高めましょう。**キャプテン以外、全員副キャプテンということにしてもいいかと思います。将棋を例えに「指し手的感覚」「駒的感覚」というものがあります。「指し手」は、自分で考え自分で動くもの。「駒」は動かされ、ついていくもの。自分がキャプテンでなくても、チームをマネジメントしている、作り上げているという意識はとても重要なのです。

### 言い換えフレーズ

❶「(全員に対し) 皆で協力してキャプテンを支えよう」

❷「もっとほかに良い方法があるかミーティングで話し合おう」

❸「チームにとって良い情報があれば遠慮なく提供してね」

コツ
41

チームの風通しを良くする

# 選手同士の関係を察知して修復を試みる

ギクシャクしている選手同士を、放っておくのは厳禁。あえて2人で行動させることで関係がよくなることがあります。

NGワード例

❶「競技に人間関係を持ち込まないで」

❷「○○と××はうまくいってないから、ペアは組ませないようにしよう」

❸「△△は1人だけ浮いているけど、レギュラーじゃないからいいか」

## 選手同士の仲を修復できるのは指導者であるあなたです

女性アスリートによっては競技をするうえで人間関係が重要だと思っています。指導者は、競技のことだけでなく、悩んでいる人がいないか、チームで浮いている人がいないか気配りすることも大事な仕事です。

選手同士がギクシャクしてしまうきっかけは、なんとなしの発言を誤解してしまったなど、案外些細なものかもしれません。最初は当人同士の問題でも、膨れ上がってチーム内で派閥ができ、全体の人間関係が悪化してしまうなど大事になりかねません。

なにより、**問題が小さいうちに対処することが重要です。見て見ぬふりをせず、少しでもおかしいなと感じたら関係の修復をさせる手助けをしましょう。**

指導方法としては、関係がこじれてしまったと思う選手同士をあえてペアにし、ストレッチや片付けをさせることです。ストレッチで触れ合うことにより心を近づかせることができますし、片付けなど面倒な仕事をふたりですることで、共通の意識が生まれます。それでもお互い話そうとしないのならば、ミーティングの場を設けて話すきっかけを与えましょう。

一対一の関係ならば問題は早く解決するかもしれません。これが、チーム内でひとりだけ仲間外れにされているとなると、別問題となります。

まず、**指導者であるあなたは悩んでいる人の一番の味方になってあげてください。**次に、皆が気づいていない彼女の良いところを見つけ、代わりにアピールしてみてください。そして、オープンにして話し合い、どう解決していくべきかみんなで考えることが大切です。

### 言い換えフレーズ

❶「同じ目標に向かってみんなで良いチームにしよう」

❷「○○と××は一緒に片付けしてくれるかな?」

❸「△△はチームのことを真剣に考えている大事なチームのメンバーだ」

コツ42

チーム一丸で競技に取り組む

# レギュラー選手と控えの選手を平等に扱う

指導者はレギュラーだけに肩入れしがちですが、控え選手の能力を引き出し、全体を底上げすることが将来につながります。

はい！
私たちベンチも必要としてくれてる！
はい！
いつでも試合に出られる準備しとけよ!!
レギュラー陣気を抜くなよ!!

NGワード例

❶「レギュラーメンバー以外は自主練しておいて」

❷「君の実力ではまだまだレギュラーになれない」

❸「うちのレギュラーは不動のメンバーだ」

## レギュラー選手中心の指導は全体のレベルを下げてしまう

団体競技では、レギュラー選手と控えの選手に分かれてしまいます。多くの指導者は、レギュラーとそうでない選手で練習内容を変えていることでしょう。個々のレベルに合わせた指導で、全体の能力の底上げを図ることはいいのですが、**問題なのはレギュラー選手の指導にばかり力を入れてしまうこと**です。そもそも女性アスリートのみならず人は差別されるのを嫌いますし、**控えの選手の持っているポテンシャルを活用しないのはチームとして非常にもったいないこと**。期待値が高い選手だけの熱心な指導で、レベルの格差が広がり、チーム全体の能力はいずれ低下します。

また、指導者のキャラクターや経験も考慮して担当する選手を決めるのも良いでしょう。控え選手、つまり育成段階の選手には、経験豊富で心に余裕のある指導者を置くことがベターです。こういったタイプの指導者は、グイグイ勢いで引っ張っていくのではなく、選手の意見を聴きながら、自主性を重んじた指導をするはずです。いわゆるファシリテーター（促進者）の役割を担います。試合に出場できるか否かだけで分けず、能力は拮抗しているけど、僅差でレギュラーから外れた選手は、スーパーサブとしてレギュラーと一緒に行動させるのも有効な手段です。本人のためにもなりますし、相手にとって怖いサブ選手がいることが脅威となりますから大事な役目と言えます。

レギュラーを常時固定せず、時々変えていくことも重要です。レギュラー選手は、「下に落ちないように」と意識することで緊張感が生まれます。控えの選手は、チャンスがいつでもあることでモチベーションを上げ、可能性を広げることができるでしょう。

### 言い換えフレーズ

❶「レギュラーメンバー以外は試合前なので、サポートに入って自分が出るときの準備を」

❷「レギュラーはもうすぐそこ！　課題をクリアしよう」

❸「部内ランキングをもとにレギュラーは随時入れ替えます」

コツ43

指導者と選手をつなぐ役割を決める

# スチューデントトレーナーを決めて効率よくトレーニングする

団体競技では、指導者と選手をつなぐマネージャー、スチューデントトレーナーやスチューデントコーチの存在が活躍します。

集合して下さいー
トレーニングの説明をします！
はーい！
よろしくねー！

NGワード例

❶「トレーニング内容が、全然正確に伝わってない」

❷「この練習メニューを見てやりなさい」

❸「君は練習しなくて良いから選手一人ひとりの状況を隈無く把握しなさい」

## チームにとって効率の良い方法やシステムを考えることがポイント

基本的に監督やコーチなどの指導者は、毎回練習やトレーニングの現場に立ち会って適切な指示やアドバイスをされているかと思います。しかし、指導者といえども、体調不良や急用などにより、毎日欠かさず練習に立ち会うのが難しい場合もあります。

そういうときのに活躍するのが、スチューデントトレーナーです。スチューデントトレーナーとは、JAMの佐藤雅弘さんが以前、複数の競技チームを受け持っていたときに考案したものです。体はひとつしかないので、各チームへの指導は週に1回が限度。しかし、それではチームは強くなれません。

そこで、チーム内の新入生にトレーニングの重要性を説いたうえで、彼らにトレーニングプログラムを託し、チームメイトに伝える役割を担ってもらいました。そうすれば、週1回指導に行き、トレーニングの評価をして、次回の課題を残していけばよくなったのです。日頃の選手の様子についても、彼らからメールで連絡をもらい、それに対してアドバイスをしました。こうしたシステムを構築することで、各チームを効率よく強化できたのです。

今はスマートフォンが普及していますので、**指導者がトレーニングの動画を送って指示することも有効です。また、監督やコーチ、スチューデントトレーナーでグループラインを作って、スケジュールや選手の状態などを情報共有することで、共通理解のスピードが高まります。**ただし、選手のデリケートな問題については、当事者同士が個別にやりとりする配慮が必要です。

**言い換えフレーズ**

❶「チームメイトに分かりやすい伝え方を考えよう」

❷「トレーニングのやり方は、動画で送るね」

❸「マネージャーが見て、調子の悪い選手がいたら教えてくれる?」

豊かな発想力が女性の強み

コツ 44

# 女性の雑談力を生かし自由にミーティングさせてみる

ミーティングで話が煮詰まって進まなくなったら、キャラクターの違うメンバーでグループを作るとうまくいきます。

修正ポイント

❶ 大人数でのミーティングでは、テーマが逸れてしまいがち。

❷ 発言できる人とできない人がいるので、偏った意見になってしまう。

❸ 指導者がまとめ役になると堅い意見しか出てこなくなる。

## 女性の雑談力を生かした自由なミーティングの場を作る

女子チームのミーティングでは、話が二転三転し、テーマから逸れたところで盛り上がる場面がありま す。重要な話し合いの場なのに関係ない話をすることはあまり良いことではありませんが、女性の雑談力の高さは、うまく生かせればチームの強みとなります。

ミーティングはチーム全員でするものと考えていませんか？　メンバーが多ければ多いほど、たくさん発言する人と自分の意見を押し黙る人に分かれてしまいます。話が煮詰まって、堂々巡りになってきたらミーティングのメンバーを**いくつかのグループに分けてみましょう。少人数制にすることで、普段発言できない人が意見を出せるようになるはずです。**

それでもミーティング内容が明後日の方向にいってしまうようでしたら、**ランダムにグループ分けするのではなく、キャラクターが違うメンバー同士で組ませるのがいいでしょう。**また、交流分析の理論を応用して、自我状態を基にグループ編成をしてみるのも良い方法です。例えば、「セルフ・グローアップ・エゴグラム」の結果でA（自立した大人）が高い人は、「なんでも何が中心か考え直す」という特徴があるので、グループにひとり入れれば、話のテーマから逸れてしまっても軌道修正してくれます。

AC（順応する子ども）が高い人は、協調性があるいっぽう引っ込み思案で意見をなかなか言えない傾向にあります。聞き上手のNP（保護的な母親）と一緒のグループにすることで、AC傾向の人も意見を言えるようになります。基本的には自由に、時に指導者が見守りながら話をさせるといい案が出ることでしょう。

**まとめ**

❶ A（自立した大人）タイプは、話の軌道修正をしてくれる。

❷ AC（順応する子供）とNP（保護的な母親）を一緒のグループにする。

❸ 指導者は、見守りながらも女性の雑談力を生かした自由な話し合いをさせる。

コツ
45

長女と次女の性格とは？

# 人は生まれ育った環境でパーソナリティーに違いが生まれる

人のパーソナリティー（人格、性格、人柄、個性など）が形成される過程で、生まれ育った家庭環境は大きな要因になります。長女として生まれた子は当初一人っ子ですが、妹が生まれればお姉さんになります。長女は面倒をみてあげたり、おやつを分けてあげたりすると親から褒められるでしょう。反対に、妹と遊んであげなかったり、おやつを分けなかったりすると「お姉ちゃんなんだから！」と叱られた経験は、長女であれば一度はあるでしょう。

長女はこうした経験から幼少期に「我慢すること」「分け与えること」を学びます。特に、頑固親父がいる抑圧された家庭環境で育った長女は物分りのよいお姉さん、つまりAC（適応した子ども）の自我機能が活発に働くようになります。一方、次女や末っ子は比較的自由奔放なタイプに育つ傾向があります。

自我状態は、個人の物の見方・考え方・行動の仕方に影響するだけでなく、チームや組織のにおいても自我状態が反映されていることが知られています。例えば、発想が自由奔放なチーム、守りを中心とした保守的なチーム、論理的で緻密なプレーで勝利を掴み取るチームなどリーダーやメンバーの自我状態が見事に表現されるものです。

つまり、どのタイプが良い悪いということではありません。大切なのは、指導者が「誰をどこに配置すれば良いのか」をよく考え、それぞれの力をうまく使うことです。指導者だけではなく、アスリート本人も交流分析の結果から、自分の自我状態を理解して時と場合に合わせて、自分の使うべき自我をコントロールできるようになると良いでしょう。

PART

# 4

# 女性アスリートにとって大切な取り組み

コツ 46

## 女性アスリートの「三主徴」とは

# バランスのよい食生活を心がける

激しいトレーニングや不十分な食事によるエネルギー不足は、女性ならではの無月経や疲労骨折などを引き起こします。

### 修正ポイント

❶ 外見を気にしすぎて必要以上の食事制限をしている。

❷ ジュニア期にお菓子ばかり食べてしまう。

❸「アスリートだから…」という無謀な考えで体に無理をさせてしまう。

### 女性アスリートの三主徴

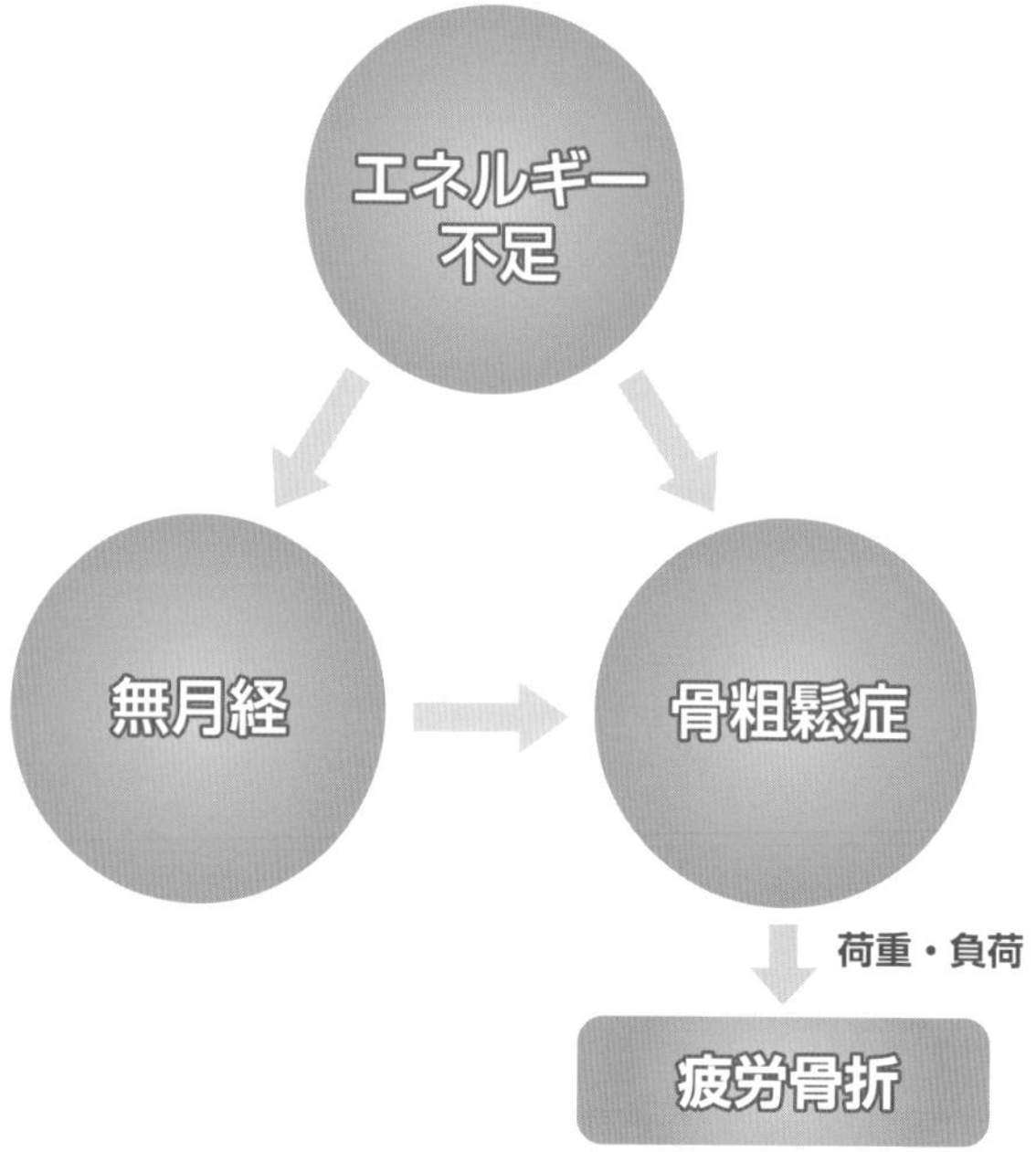

## 無理な体重制限やカロリー過多にならない

日々トレーニングに取り組む女性アスリートは、いつもはつらつとしていて健康的なイメージがあります。しかし実際は、女性アスリートはさまざまなリスクを抱えながら、激しいトレーニングに取り組んでいるのです。

女性アスリートが抱えるリスクには、「エネルギー不足」「無月経」「骨粗鬆症」があります。これらを「女性アスリートの三主徴」といいます。

毎日トレーニングや練習で十分に体を動かしているにもかかわらず、無理な減量やダイエットに取り組んでしまうと、エネルギー不足に陥ります。消費エネルギーに比べて摂取エネルギーが不足した状態が続くと、無月経などの月経異常や疲労骨折のリスクが高まります。特にジュニア期は筋肉や骨などの大切な組織ができあがる時期のため、エネルギー不足で成長を阻んでしまわないよう注意が必要です。

**もし女性アスリートの三主徴に陥ってしまった時は先ず始めに食生活を見直してみましょう。バランスの良い食事を3食しっかり食べることを心がけて、コンディションを整えることが大切です。**

こうしたリスクは一般的に知られていないだけではなく、多くの女性アスリート自身も自覚していないという深刻な事態に陥っています。「アスリートだから月経が順調でなくても仕方ない」「アスリートだから多少の痛みは我慢する」という考えは間違っています。指導者は「女性アスリートの三主徴」について正しく認知させ、予防・回復に努めるように指導しましょう。

### まとめ

❶ 消費エネルギーと摂取エネルギーのバランスを保つ。

❷ ジュニア期はしっかり食事をとり、過度なトレーニングに注意する。

❸ 食生活でコンディションを整えることができる。

コツ 47

正常な月経周期とは

# 月経周期を記録して自分のリズムをつかむ

正常な月経周期は健康であることの証拠です。自分のリズムをつかんで、月経期の自分とうまく付き合いましょう。

**修正ポイント**

❶ 月経周期の確認は面倒だから記録しない。

❷ 無月経などの月経異常に対して無頓着である。

❸ 月経時や月経前にコンディションを崩しやすい。

## 月経周期の数え方

「月経周期」は、月経１日目から次回月経開始前日までをいいます。

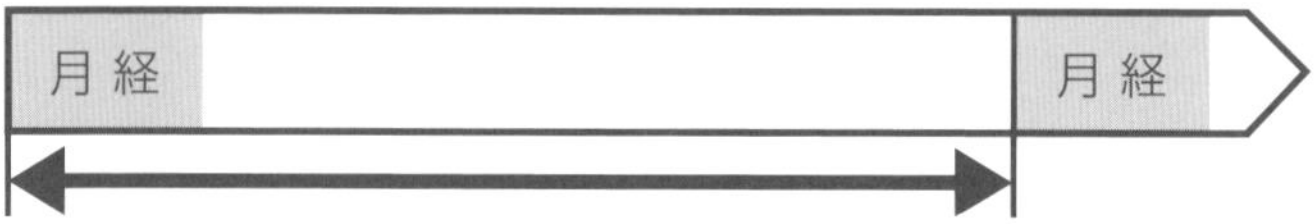


**月経周期の見方**

| | |
|---|---|
| 正常月経周期 | 25 ～ 38 日 |
| 月 経 不 順 | 24 日以内…頻発月経<br>39 日以上…希発月経 |

## 月経は健康のバロメーター
## 月経周期を把握して競技生活に役立てる

アスリートのパフォーマンスは、心と体の状態（コンディション）が良好な時に発揮されるといわれています。そのため体調に問題がなくても気分が沈んでいたり、反対にやる気はあっても、ケガをしていてはベストな結果を出すことは難しくなります。

女性アスリートの心と体のバランスが崩れやすい原因として、月経が挙げられます。個人差はありますが、とりわけ月経二日目までは経血の量が多く、それに伴う腹痛や頭痛などの症状に苦しむ女性も多いのです。また、月経前は精神的に不安定になりがちです。これを月経前症候群（ＰＭＳ）といい、理由もなくイライラしたり、普段は気にならない指導者やチームメイトのささいな言葉で傷ついたりすることもあります。

しかし、**月経が順調に来るということは、心身ともに健康であることの証拠です。大切なのは「次の月経はいつ来るのか」「自分はいつ頃ＰＭＳになるのか」など、心身のリズムをつかむことです。**

そのためには自分の月経周期を把握することがポイントです。正常な周期は25～38日です。最近では、スマートフォンのアプリでも月経周期のチェックができるようになりましたので、活用するとよいでしょう。月経周期が分かれば、練習やトレーニングのスケジュールを立てるのに役立つというメリットがあります。

また、月経周期を確認することで、女性アスリートの三主徴に陥ることを未然に防ぐこともできます。男性の指導者は少し言いにくいと感じるかもしれませんが、女性アスリートとして自分の体を知ることについて積極的に指導することが重要です。

**まとめ**

❶ 月経周期を知ることのメリットを理解する。
❷ 月経周期がわかれば、スケジューリングなどにも役立つ。
❸ 月経前症候群（ＰＭＳ）を受け入れて、気持ちに余裕を持つ。

コツ48

リラクセーションの方法

# マインドフルネスで心身ともにリラックスする

体が疲れているのに眠れないのは不安や迷いなどのストレスを抱え、リラックスできていない証拠です。

修正ポイント

❶ イライラして眠れない状況が続いている。

❷ 体が疲れているのに、つい夜ふかしをしてしまう。

❸ 試合の前夜は、興奮がおさまらない。

## 心地よい睡眠をとるには心身ともにリラックスすることが大事

女性アスリートによっては、練習やトレーニングで体がへとへとに疲れているはずなのに、なかなか眠りにつけないという人がいます。アスリートに限らず、会社勤めをしているサラリーマンなども、残業で疲労困ぱいにも関わらず眠れないという人の話を聞いたことがあるでしょう。

眠れなくなる原因として、日々の生活において何か気になることがあったり、迷いを抱えている状態にあることが考えられます。アスリートであれば、試合の前夜に「明日は絶対に勝ちたい！」と気分が高揚してしまったり、逆に「負けてしまったらどうしよう…」と不安で眠れないというケースもあります。いずれにせよ、すべてに共通しているのは、心身ともにリラックスできていない状態にあるということです。

それでは、リラックスした状態を作り出したり、心地よい睡眠をとるにはどうしたらよいのでしょうか。さまざまな方法がありますが、ここではマインドフルネスという方法を紹介します。

マインドフルネスとは自律訓練法、自己暗示法と同様に、自分の体や気分の状態に気づくためのエクササイズです。**ストレスを対処する方法として、医療やビジネスの現場でも取り入れられています。**マインドフルネスでは、「ゆっくりと呼吸に意識を向けましょう」などの語り掛けに対して、素直な気持ちになって身を委ねます。

マインドフルネスの技法を習得できれば、不安や恐れなどのストレスでがんじがらめになった心を開放することができるでしょう。

**まとめ**

❶ 体と心に集中しながら、静かな場所で呼吸する。

❷ 自分に合った姿勢で呼吸し、1～3秒で吸い込み、5～8秒で吐き出す。

❸ 1日15分行うのが理想。難しい場合は、5分でもよい。

コツ
49

エネルギー不足の防止

# 栄養バランスのよい食事でコンディションを整える

エネルギー不足を防ぐためといって、ただ食事の量を多くしても意味はありません。重要なのは栄養バランスです。

修正ポイント

❶ エネルギー不足にならないよう、無理して食事の量を増やす。

❷ 運動後は唐揚げや天ぷらなどを食べてしまう。

❸ 補食として洋菓子やスナック菓子を食べる。

## 自分に必要な栄養素を知り適切なタイミングで摂取する

女性アスリートが健康な状態で競技に取り組むために何よりも重要なのは、エネルギー不足にならないことです。エネルギー不足とは、消費エネルギーに比べて摂取エネルギーが足りていない状態を指します。つまりエネルギー不足を予防するには、日々の食事をしっかり摂ることが基本になります。

アスリートだからといって、必ずしもたくさんの量を食べられるとは限りません。女性アスリートによっては一般的な女性と同じくらい、もしくは小食の傾向であるにもかかわらず、エネルギー不足を気にして無理に食べようとして、体調を崩してしまう恐れもあります。

食事による体調管理の方法として、まず食事を一日3～4回に分けてみましょう。練習の前に軽くおにぎりやバナナで栄養補給して、練習後は唐揚げなど油分の多いおかずは避け、野菜を中心とした主菜と副菜を摂ります。また、翌日に疲労を残さないための注意も必要です。運動で消費したグリコーゲン、ビタミン、ミネラルを補給するため、グリコーゲンのもとになる炭水化物、筋肉を修復するたんぱく質、ビタミンを含む果物、ミネラルを含む海藻類を摂るように心がけましょう。

**女性アスリートが食事をとるうえで大切なのは、自分にとって必要な栄養素を知り、バランスよく摂るということです。ここで紹介したのはあくまで一例です。年齢や食べ物の好き嫌いはもちろん、競技によって消費エネルギーが異なりますので、自分に合った食事内容でコンディショニングしましょう。**

### まとめ

❶ 栄養バランスのよい食事をしっかり摂る。

❷ 運動後は油分の多い食事は避け、疲労回復効果のある食材を選ぶ。

❸ 消費エネルギーに合わせて、食事の量をコントロールする。

最大骨量とは

# コツ50 成長期に最大骨量を獲得し骨粗鬆症を予防する

女性アスリートの疲労骨折はオーバーユース（使いすぎ）などが原因と考えられますが、成長期に十分な骨量を獲得できなかったことも要因の1つです。

修正ポイント

❶ 成長期の無月経を放置してしまう。
❷ 12～14歳の成長期に、骨量を獲得できない。
❸ 無月経と疲労骨折は無関係だと思っている。

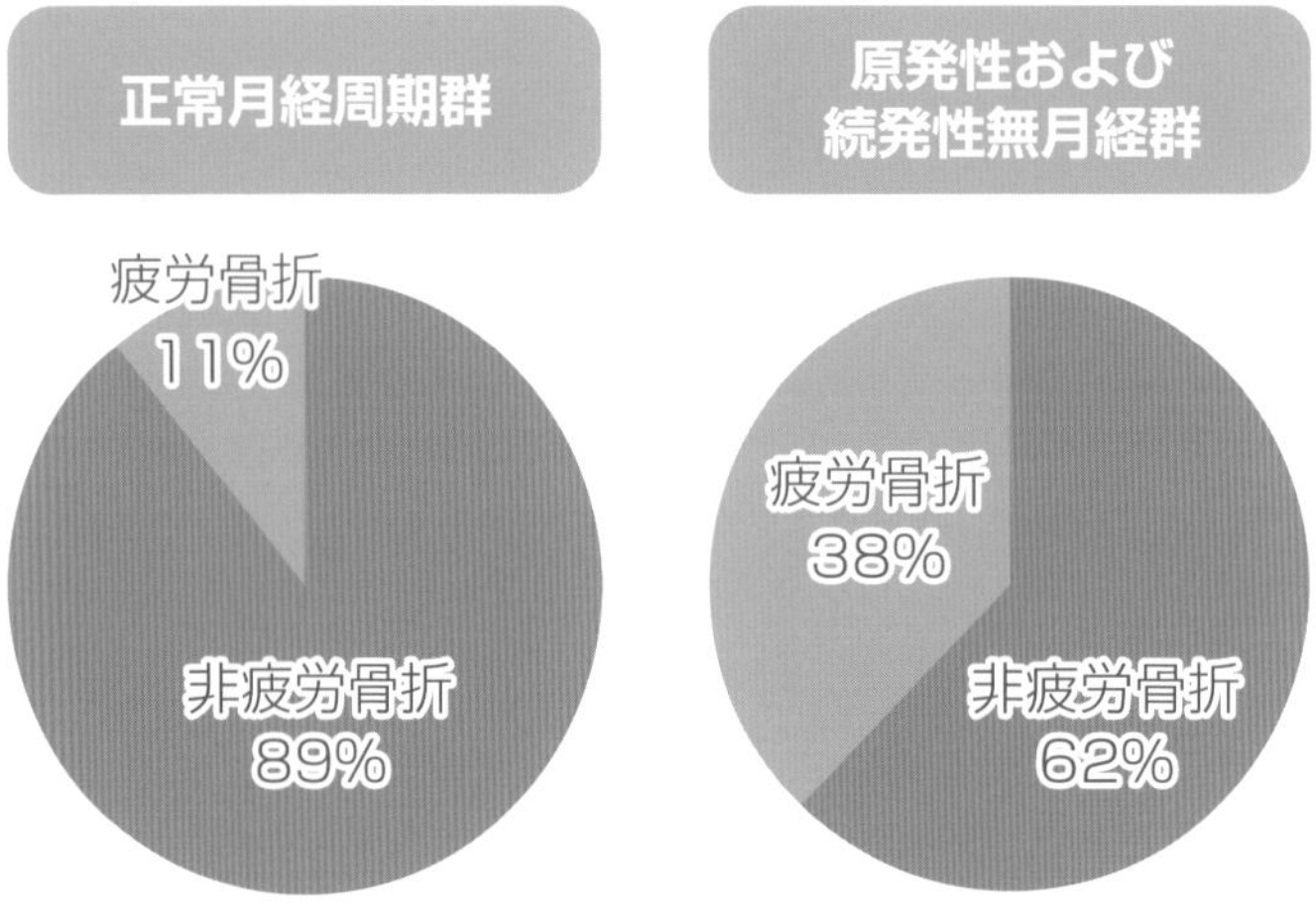


※ FAL-project「今知りたいカラダのこと」（能瀬ら、2014より引用）

## 長期間のエストロゲン低下が成長期の骨量獲得を阻む

疲労骨折とは激しい運動を繰り返し行うことで、骨の強度が低下していき、骨にヒビが入ったり骨折をしてしまうことです。一般女性と比べて、女性アスリートは疲労骨折をするリスクが高いといわれています。これは運動による負荷が日常的に体にかかっていることや、無月経によりエストロゲン（骨の形成を促す女性ホルモン）が低い状態が長く続いていることが原因になります。

アスリートが競技シーズン中に疲労骨折をしてしまうと、治療期間は一切トレーニングはできません。さらに、競技に復帰するまで長い時間がかかってしまうので、疲労骨折をしないための心がけが非常に重要になります。

疲労骨折は骨粗鬆症が大きな原因になりますから、まずは骨粗鬆症を予防することが何よりも肝心です。そのために大切なことは、**成長期でしっかりと最大骨量を獲得することです。人間の体は12～14歳に年間の骨密度が増加するスピードが速くなり、18歳前後には最大骨量を獲得します。**

しかし、女性アスリートはこの大切な成長期に、**無月経によりエストロゲンが低下してしまうと、最大骨量を獲得することができなくなります。**つまり、成長期に骨量獲得が不十分だった場合、将来疲労骨折につながる可能性が高くなるのです。

十代のジュニアアスリートを指導している指導者は、無月経と疲労骨折は密接な関係にあることを、しっかり理解させましょう。

まとめ

❶ 無月経により骨の成長に必要なエストロゲンが低下する。

❷ 疲労骨折はトレーニングだけが原因ではないことを理解する。

❸ 成長期はとくに月経が正常であることが重要。

コツ
# 51

コンディショニングの重要性

## スランプの要因になるオーバートレーニングに注意する

スランプに陥る原因の一つにオーバートレーニングがありますが、当の本人や指導者が気づきにくい厄介な問題です。

修正ポイント

❶ 体が辛くても与えられたトレーニングを続ける。

❷ コンディションとは何かをよく理解していない。

❸ スランプの原因はケガや病気だけだと勘違いしている。

## オーバートレーニングは早期に発見・改善することが重要

試合に勝つためには、アスリートは万全のコンディションで臨む必要があります。コンディションとは、体と心が良好な状態であるかどうかということです。一言で言うと単純なようですが、実際には筋肉、神経系、心臓、肺機能の異常の有無、栄養状態、トレーニングによる疲労の蓄積、疲労の回復力、ホルモンバランス、精神の安定度などがどのような状態であるかという意味合いがあります。

アスリートが良好なコンディションを維持するためには、疲労回復のための休養や睡眠、バランスのよい食事、マッサージなどを取り入れてみましょう。とくに女性アスリートは、心身の自己コントロールを行うためにマインドフルネスなどのリラクセーション法を実施して、月経前や月経時にリラックスしてみてください。こうした日々の地道なメンテナンスを怠ると、パフォーマンス低下や怪我の原因にもなってしまいます。

何度もコンディションを崩すと、アスリートは不安を抱えてスランプに陥るといわれています。スランプの原因には、ケガや病気、オーバートレーニング、栄養不足、精神的な不安などがあります。ケガや病気であれば、適切な治療を行えば解決しますが、オーバートレーニングと精神的な不安については、指導者が気づきにくいのが現状です。

**オーバートレーニングは、過剰なトレーニングの継続で運動機能と回復力が低下することです。この状態でトレーニングを続けると、病気やスポーツ障害の原因となるので、コーチは選手のコンディションを注意深く観察することが大切です。早期に発見することが非常に重要になります。**

**まとめ**

❶ 体が耐えられないと感じたら、一度トレーニングメニューを見直す。

❷ 休養や適切な食事などを心がけて、良好なコンディションの維持に努める。

❸ オーバートレーニングのメカニズムを理解して、適切な負荷のトレーニングと休養のバランスを考える。

コツ
# 52

入浴の効果

## 科学的な入浴法で賢く疲労をとる！

練習や試合で体を酷使した後は、必ずお風呂の浴槽に入って、しっかり疲れを取り除き、体のリカバリーを行いましょう。入浴は心のリラクセーションにも役立ちます。

修正ポイント

❶ 入浴しないで、シャワーだけですませてしまう。

❷ お風呂に入ってもすぐにあがってしまう。

❸ 風呂の温度は熱い方が疲労回復する。

## シャワーだけですませずに入浴をして体のケアを行う

アスリートたちは、練習で汗をよくかきます。選手たちは練習後すぐシャワーを浴びる習慣があり、日に何度もシャワーをあびるため、帰宅後に浴槽につかる入浴を習慣化していないことも多いようです。専修大学スポーツ研究所（相澤、佐藤ら）とバスクリンが共同で行った女子レスリング選手を対象にした調査によると、練習後から就寝までシャワーしか浴びないという選手が大部分を占めていました。

入浴の効果は様々なところで確認され、疲労回復はもちろん、心のリラックス効果などもあるといわれています。前述した**女子レスリング選手のデータによると、就寝前に入浴した選手の方がシャワーのみの選手よりも疲労回復が高いという結果が実証しています。**

温かい湯に体が浸かることで、体の毛細血管は広がり血流が促進されます。疲労物質や老廃物が取り除かれ、自律神経のコントロールにも作用します。また、お湯に浸かることで浮力が作用し、体が軽く浮く感覚が筋肉を弛緩させ、脳への刺激を減らし、心と体をリラックスさせます。入浴中は体に水圧も加わり、心臓への働きが起こり、血流も促進されます。疲労回復やリラックスに最適なのは、39～40度のぬるいお湯に10～15分浸かることで、試合前など心身を活性化したいときは、少し熱いお湯にさっと入ります。

入浴剤を使うと、さらにその効果を高めることもできます。匂いは臭覚から、色は視覚から自律神経に働きかけ、心身のリラックスに作用します。また、入浴剤の成分により保温や保湿効果も認められています。体のメンテナンスということを考えるならば、しっかりとお湯につかる入浴を習慣化することが大切です。

**まとめ**

❶ 疲労回復やリラックスは39～40度のぬるめのお風呂に10～15分浸かる。

❷ 試合前や練習前などテンションをアップさせたいときは、熱いお風呂にさっと入る。

❸ 疲労回復やリラックス効果を高めるために入浴剤を賢く使う。

コツ 53

睡眠の重要性

# セロトニンとメラトニンの機能を活用して睡眠の質をあげる

プロ野球のキャンプでは早朝の散歩は、トレーニングの一環となっています。実は朝日を浴びる散歩に、質の高い睡眠のカギを握るホルモンが関係しているのです。

修正ポイント

❶ 質の高い睡眠には高級な寝具が必要だと思っている。

❷ 睡眠時間を確保するために、寝だめをするために昼過ぎまで寝てしまう。

❸ 栄養ドリンクやコーヒーで眠気を覚ます。

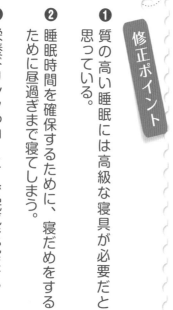

## 質の良い睡眠のためには朝起きて太陽の光を浴びる

「特に理由はないけど眠れない…」という精神生理性不眠症の症状を訴える女性アスリートは多いようです。これまでの研究でも、「スポーツパフォーマンス」と「睡眠」の関係について報告されており、疲労回復に及ぼす影響は睡眠の質と量が決定すると述べられています。質の高い睡眠を十分にとっていれば、やる気はみなぎり、集中力が高まります。加えて競技後の緊張や疲労軽減にも好影響を与えます。

ナショナルトレーニングセンターを利用するアスリートを対象にしたアンケート調査によると、アスリートの平均睡眠時間は8時間以上という結果が出ており、トップアスリートたちは、睡眠を重視していることがわかっています。また、実際にアメリカの大学で行われた研究では、バスケットボール選手の睡眠時間と競技の質、メンタルや疲労において調べたところ、しっかり睡眠時間をとることにより、すべての項目に良い影響がでるというデータも出ています。

**その「睡眠」のカギを握るのが「セロトニン」「メラトニン」という人間が分泌するホルモン物質です。**セロトニンには、心のバランスを整える作用があり、太陽光を浴びることで脳内のセロトニンの分泌いわゆる元気物質を促進させる働きがあります。また、セロトニンが分泌されてから14～16時間ぐらい経過するとメラトニン分泌が高まり、その作用で眠気を感じるようになる働きがあります。どちらも体内時計をリセットし、睡眠の質を改善する効果が期待できます。

睡眠といえば、時間や寝具などに意識が行きがちですが、質の高い睡眠をとるためには、まず朝しっかり起きて太陽の光を浴びることがポイントです。

### まとめ

❶ 朝しっかり起きて朝日を浴びる。

❷ セロトニンとメラトニンの機能を理解して体内時計を調整する。

❸ 質の高い睡眠をとってパフォーマンスを向上させる。

コツ54

女性アスリートと貧血

# 貧血による体調不良を未然に防ぐ

## 無理な練習や誤った食習慣は貧血を誘発させる

毎日毎日、必死に練習をしていても、調子があがってこない原因として、女性ならではの貧血が考えられます。一般的に女性は月経などの影響もあり、男性よりも貧血になりやすく、貧血状態になると酸素を運ぶヘモグロビン濃度が低くなるので酸素不足状態になり持久力が低下してしまうのです。

貧血かどうかは、血液検査によってわかります。血液中のヘモグロビンや鉄、フェリチンの値によって判定され、基準値以下の場合は貧血と診断され、食事の指導や薬の処方など状態に合わせた改善をしていきます。**貧血がおこる背景には、練習によるオーバーワークや食事制限および月経などが関係します。アスリート自身が大丈夫だと思っていても、必要以上に体を酷使したり、栄養バランスの偏った食事で体が正常に機能しなくなるのです。**

これを防ぐためには、体調に合わせた練習内容にし、日頃から鉄分を含むバランスの良い食事（赤みの肉やレバーなどの動物性たんぱく質）を摂取することや質の高い睡眠など充分な休息をとる必要があります。サプリメントといった補助食品で鉄分を補うこともできますが、適量を超えると肝臓や心臓などの臓器へ負担をかけてしまうので気を付けましょう。

### まとめ

❶ 練習の量や強度を考え、バランスの良い食事と充分な休養を心がける。

❷ 貧血だからといってサプリメントで過剰な量の鉄分の摂取（耐容上限量＝40ｍｇ／日）を行わない。

PART

# 5

# 「物の見方・考え方」をかえてメンタルを強くする！

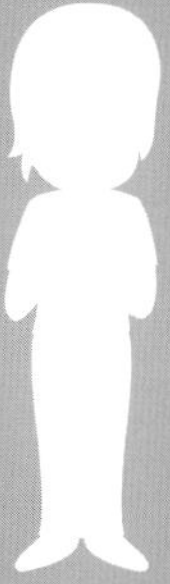

コツ 55

物の見方・考え方を変える

# 「～しなければいけない」の呪縛から解放させる

ルーティンを決めてそれに従うことは大切です。しかし、ルーティンに囚われ過ぎるのは考えものです。

修正ポイント

❶試合に向けて、細かく複雑なルーティンをいくつも作る。

❷いつものルーティンができなくて、試合で動揺してしまう。

❸「～しかない」とネガティブな考え方をする。

## フィジカルトレーニングのように
## メンタルも鍛えることができる

「試合の日は左足から玄関を出る」「試合前日は必ずカツ丼を食べる」など、ルーティンのあるアスリートは意外と多いようです。験担ぎが悪いことではないのですが、あまりにも細かいルーティンは考えものです。「〜しなければいけない」ということにとらわれ過ぎて、何かの事情でできなかったときに心を乱されるくらいならば、自分の中だけでの決まりごとは無いほうが良いです。ルーティンには、自分のメンタルを平常心に落ち着ける効果もあります。しかし頼りすぎて「〜しなければいけない」という状況ではなく、「できなかったときはしょうがない」と考えられるようになるのがベターです。

同じような物事の考え方に、「5分もある」なのか「5分しかない」なのかという捉え方があります。あと5分で負けてしまうのか、あと5分もあれば同点にできるのか。どちらの考え方が、無駄な緊張をせずに最後まで良いパフォーマンスを保てるかは誰もがわかるでしょう。

**同じ状況でもポジティブに考えられるかどうか。「タフなメンタルを持つ人」とはこういうことを言うのでしょう。メンタルは、フィジカルトレーニングと同じで鍛えられます。**強いメンタルを身につけるために、不安や恐れ、迷いは持っていてもいいと思います。ネガティブなことに蓋をする必要はないのです。メンタルがタフな人は、練習で苦しいときにも「これは自分を鍛えてくれるシチュエーションだ」と解釈します。そういった考え方ができると、自己成長して伸びていくことができます。

### まとめ

❶ ルーティンに縛られないようにする。
❷ メンタルはトレーニングで鍛えられる。
❸「〜もある」とポジティブな考え方をする。

コツ
# 56
「敗者の脚本」は書かない！
## 「勝つ」試合ストーリーをつくる

善戦しても勝てないのは、実力や技術が足りないだけでなく、自分の心の中にも理由があるのです。

修正ポイント

❶ ランキング上位選手との対戦では、試合前から負けた気になる。

❷ 勝てると思った試合で思わぬ苦戦して取り乱す。

❸ 試合の勝ち負けばかりに固執する。

## 試合結果に悔いを残さないよう できる限りの準備をしておく

いつも試合で惜しいところまでいくのに、最後の最後で負けてしまうパターンの選手がいます。これは、無意識のうちに、「敗者の脚本」を書いてしまっているせいかもしれません。勝ちたい気持ちはあるけれど、「自分なんかが勝てる相手ではない」と最初から決めてしまい、勝利が見えたときですら、今まで勝った経験がないせいで、無意識に心理的なブレーキをかけてしまうのです。これを「勝ちビビリ」といいますが、大切なことは自分自身に対して「勝ってもいいんだ」と心理的許可を与えることで、最後まで臆することなく全力でファイトできるようになります。反対に「敗けビビリ」というものもあり、自分より格下の選手との対戦であっても、負けることを過剰に恐れて守りのプレーしかできなくなることです。

**本来、勝負では相手が格上であろうが、格下であろうが、できる限りの準備をして試合に挑めば、結果は後からついてくるものです。どうやったら自分のパフォーマンスを発揮できるか、何をすればいいのか意識することが大切です。**試合で実力を発揮できない選手の多くは、「勝つか負けるか」しか考えていません。大事なのは過程であり、勝敗は後からついてくるものなのです。

前述した格上の選手との対戦では、相手がこちら側を格下だと思って、やるべきことをしっかりやらなかったときにスキが生まれ、勝てる可能性があります。最初から実力差があると諦めずに、チャンスを狙いましょう。指導者は、選手に対して具体的な「戦術・戦略」に加えて、どんな状況でも最後まで最善を尽くす「勝者の脚本」をイメージさせることが大切です。

**まとめ**

❶ 練習では苦しい場面を想定し、試合では最高のイメージを持ってプレーする。

❷ 最後まで最善を尽くす。

❸ 勝敗以上に、勝つためにいつ、どこで、何をするかというプロセス（過程）が大切。

コツ
57

ピーキング＝心身のピークを試合に合わせる

# 勝利の方程式＝コンディショニングを行う「超回復の法則」

コンディショニングとは、試合で最高のパフォーマンスを発揮するために行う心身のトレーニングと調整法です。試合日に向けて体調を管理して行きましょう。

ポイント

❶ 試合当日の緊張をごまかそうとする。
❷ 試合間近なのに、不安になってやみくもに練習量を増やす。
❸ 自分のコンディションを把握しないで、試合を迎える。

## 試合当日にピークが来るようゆとりを持って追い込む

試合前に緊張しない選手は、試合本番で緊張し、逆に自分が緊張していることを理解している選手は、リラックスするための心理スキル（呼吸法、筋弛緩法など）を用いて対応する事ができるので本番では落ち着いてプレーできる傾向にあります。

練習では絶好調でも、試合本番になると実力を発揮できないことがあります。これは練習の方法やコンディショニングのミスだったというケースが多いようです。本番で最高のパフォーマンスを発揮するためには、試合前の練習法（質と量）が大きな意味を持ちます。最近のトレーニング科学研究においては、試合前は量より質を重視しながら心身に疲労を残さないようなコンディショニングが良いとされています。

試合に近づくほど完璧を目指すあまりに、不安になり練習が止められなくなることがあります。これをオーバートレーニングといいますが、本番を前にヘトヘトになってしまっては元も子もありません。これはメンタル面でも同じです。**試合前に、極限まで追い込む練習はとても大切ですが、もっと大切なのは栄養と休息を十分とって回復するための時間をとることです。それを「超回復」といい最高の状態で試合に臨むことができるはずです。**そもそも、自分のコンディションを理解しなければタイミングを合わせることはできません。過去の練習日記をチェックして、自分のピークパフォーマンスと心身のコンディションの関係を理解して計画的にトレーニングしましょう。最高のパフォーマンスを発揮するためには、今の自分のコンディションを把握してコントロールすることが重要です。

### まとめ

❶ 試合の緊張感を認める。

❷ 試合が近くなったら、心身の負担を考えて練習量を調整する。

❸ 過去の練習日記をチェックして、パフォーマンスと練習の質と量との関係を把握する。

コツ 58

リラクセーション法

# 試合前はいつも通りの生活パターンで過ごすこと！

試合前夜は緊張や興奮で眠れなくなることもあります。その場合は無理に眠ろうとせずに、心を落ち着かせるための、リラクセーション法に取り組みましょう。

修正ポイント

❶ 試合前夜の緊張や不安はパフォーマンスの低下につながるので気にしない方が良い。

❷ 勝ち負けにこだわって、考え込んでしまう。

❸ 「緊張している」「悩んでいる」ことが悪いことだと思って自分で抱え込んでいる。

## 勝敗だけに心が囚われないよう自分に合ったリラックス法に取り組む

試合の前日に緊張で眠れなくなる選手は多いものです。勝ちたい思いが気分を高揚させるからなのか、負けたらどうしようという不安や迷いがあるからなのか、理由は人それぞれです。「緊張しやすい性格だから仕方ない」と思う選手もいますが、リラクセーション法をマスターすることによって解決します。

**リラクセーションの方法はふたつあり、ひとつは呼吸法や筋弛緩法で心身をリラックスさせること、ふたつ目は、物の見方・考え方を変えることによってメンタルをタフにするというものです。**勝ちたいと思うことで眠れないのなら寝られない原因について徹底的に話し合います。責任感が強く、「自分が負けたらチーム全体に迷惑がかかる」とプレッシャーを感じやすい選手には、自分がしたいことは何なのか、どうしたら良い方向に行くのか、試合の結果よりもプロセスにフォーカスしましょう。

プライベートで悩みがあり、心が乱れることもあります。そういうときは指導者が選手の話をよく聴いて、今の気持ちを理解してあげることが大事です。そして、「悩みはあるだろうけど、いったん悩みをこの部屋に置いていこう。明日の試合が終わったら、またこの部屋に来て話を聞くよ」と一旦、決着をつけさせて「悩み事を置いていくイメージ」をさせるといいでしょう。また試合前に緊張しないようになれたのは、自分自身が心をコントロールできたからだと認識することも重要です。自分を客観視することで、冷静に試合に臨めるようになるでしょう。

**まとめ**

❶ 試合前夜は不安と緊張を受け入れ、心と体をリラックスさせることに努める。

❷ 結果を出すためにはプロセスを大切にする。

❸ 自分を客観視して、冷静に試合に臨む。

コツ59

# 自己の成長に気づく
# 勝つためにはプレー（行動）の目標を立てる

試合で勝つことは選手にとっては大きな目標ですが、「プレー目標」を立てることで心理的な不安が軽減し、安定したパフォーマンスが発揮できるようになります。

修正ポイント

❶ 試合では、一回でも負けたら競技人生の終わりだと考える。

❷ 目標は高ければ高いほど良い。

❸ 一度立てた目標は、変更してはいけないものである。

## 勝つこと（結果）だけにとらわれると不安や緊張が増幅され、努力の成果を見落としてしまう

全力を尽くして競技に取り組んでいるのに、結果が出ないことは良くある事です。そこで大切なのは、勝ち負け（結果の評価）で評価をするのではなく、プレーの中で自分は何ができるようになったのか（行動の評価）を評価することです。行動の評価は、結果の如何にかかわらず、自己成長を認識するきっかけとなり、高いモチベーションの維持が可能となります。

プレー目標を立てることの留意点は、選手自身の努力によって確実に達成可能な事柄を明確にさせることです。例えば、試合でミスしても、ネガティブなセルフトークをしないとか、ガッカリとした表情を出さないなどです。試合で勝つこと、いわゆる結果"だけ"を目標にすると、自分の小さな成長や変化に気づくことができません。指導者が一緒に考えることが大切です。軸をふたつ持っていると、例え試合で負けてしまった場合でも、自分の弱みや成長に気づくことができ、出来事全てを成長の糧とすることができるようになるのです。

**目標は、「現実的で挑戦的なもの」であること。**まずは自分が最大限努力すれば達成可能だというレベルの目標を設定することが大切です。目標をクリアーすることで得られる「達成感」や「自信」そして「有能感」はアスリートにとって大きな財産になるのです。

また、一度立てた目標を修正することも大事です。**目標を達成するには「計画：Plan」「実行：Do」「評価：Check」「改善：Action」のサイクルを繰り返すことがポイントです。**立てた目標を変えずにやるという固定観念を捨てて、状況、達成度合いによって変更していくことは決して悪いことではありません。

### まとめ

❶ プレー目標を立てることで、過度な緊張や不安を解消することができ、勝っても負けても自己成長することができるようになる。

❷ がんばれば達成できそうな目標を設定する。

❸ 状況によって目標を修正する。

コツ
60

# 目標を実現するために宣言をする

自分と他人とのコミットメント（約束）

目標を決めたら、周囲にそのことを宣言してみましょう。自分が頑張る内容が明確になり、気持ちにもスイッチが入ります。

修正ポイント

❶ 目標を立てただけで実行する気が起きない。

❷ 自分の目標や夢に対してのモチベーションが低い。

❸ キツイ練習に、つい挫折しそうになってしまう。

## 目標を達成するために皆の前で決意表明を行う

目標を決めたら、それを実現するために退路を断ち行動しなければなりません。そのためには、常に目標に向かう姿勢を維持することが大切です。目標へのモチベーションを維持する方法の一つに、「決意表明（アファメーション）」というものがあります。これは皆の前で自分の目標や夢を宣誓し、自分自身の心に誓うだけでなく、周囲にも宣言することで実行するための強い気持ちを芽生えさせるものです。**決意表明を行うと、自分の意識はその目標にはっきりと向けられ、行動も伴っていきます。やるべきことが定まると、無駄な時間を使わずに目標へ到達することができるのです。また、宣言することで、チームの決断力も高まります。**

決意表明は多くのスポーツ選手が行っています。プロ野球では、シーズン前のキャンプ地で選手が全員の前で「声出し」といわれるシーズンに向けた目標宣言を行います。東北楽天ゴールデンイーグルスに在籍していた当時の田中将大選手は、2013年2月のキャンプの声出しで「今年はWBCで世界一、シーズンで日本一を目標に、この2つの頂点を目指しそのために1年間フル回転していきます！」と宣言しました。その結果、24勝0敗勝率10割（無敗）という考えられないような好成績で、チームは見事日本一になりました。

人間は安定を好む傾向があるので、今までと同じ生活をしようという気持ちが働きます。「大変な練習なんかやめなよ」というラクな道へのささやきも浮かびます。しかし、決意表明を行うとこうした相反する気持ちにもシャットアウトできるのです。

まとめ

❶ チーム内で各自の決意表明を行う。

❷ 目標を皆の前で宣言し、退路を断ちモチベーションをさらに高める。

❸ 仲間の目標も共有して、お互いに頑張る姿勢を励みにする。

用意周到な準備と心構えが勝敗を決める

# コラム どんな試合相手でもやるべきことをやる

勝負の世界では、ときに弱者が強者に勝つという番狂わせがおこります。こうした勝敗は、単なる偶然の産物ではなく、アスリートの試合に挑む心構えが表れた結果なのです。

大相撲では２００３年、横綱・朝青龍が前頭の高見盛に敗れるという大番狂わせがありました。朝青龍は絶対的な実力を持った横綱で、格下の高見盛には一度も負けたことがありませんでした。

観客の誰もが横綱が勝つだろうと思われる対戦でしたが、取り組みが始まると高見盛は一歩も引くことなく朝青龍にくらいついていき、土俵際まで追い込み勝利しました。

この取り組みが始まる前、朝青龍はいつものルーティンを行っていませんでした。スキが生じたのか、いつもと同じ立ち合いではありませんでした。一方、高見盛は闘志あふれるいつものルーティンを行い、平常心を持って土俵に入ったのです。

強敵と戦うとき、「どうせ勝てないだろう…」、「負けて当然だ」など、ネガティブに考えることがあるかもしれません。しかし、マイナスな姿勢では、試合に対する心構えが十分にできません。

どんなレベルの相手でも、まずは、自分が出来ることをしっかりやり切るという考えで挑むことが大切です。そのためには、準備をしっかり行い、パフォーマンス発揮のルーティンをしっかり実施することです。誰と戦うかを意識するのではなく、やるべきことを行い、強い気持ちで試合に挑めば自ずと結果はついてくる、という例です。

PART

# 6

# 日頃からできる メンタルトレーニング

コツ
# 61

パフォーマンスに安定感がない

# ルーティンを行い平常心を取り戻す

ルーティンはプレーする前に一連の決まった動作を行うこと。身に付けることでどんな場面でもスムーズに、いつも自分のプレーができるようになります。

**修正ポイント**

❶ 試合状況によってフォームが変わってしまう。

❷ 自分の間合いを持たずにプレーしている。

❸ 漫然とした意識でプレーしている。

## 自分なりのルーティンを作って いつでも平常心を保てるようにする

サッカーのPKで、5対0の点差がついている予選の場面と、決勝戦で1対1のロスタイムという条件では、キッカーにとってプレッシャーのかかり方が違ってきます。「自分の一蹴りで、優勝を逃してしまうかも…」と、自分のプレーが試合結果に影響することを考えると、緊張や焦りで心の余裕が無くなります。いつもはキックの精度がある選手であっても、極度の緊張状態ではパフォーマンスの質は落ちてしまいます。

**どんな場面でも落ち着いてプレーをするためには、ルーティンを取り入れるのが有効な手段です。**例えばPKではボールを置いて決めた歩数で下がり、その場でステップを踏んでからシュート動作に入るなど独自の流れをつくることです。有名な例では、野球のイチロー選手が打席に立ったとき、バットの先をバックスクリーン方向へ向けてから構えに入る動作や、ラグビーの五郎丸選手がキック前に両手を組むポーズなどがあります。いつもの「間合い」をつくることで、平常心を保てるようになるのです。

選手が自分自身のルーティンを見つけるためには、日頃の練習からどんな導入動作からプレーを行っているか意識しながら行い、そのなかで効果的なスイッチとなる動作を見つけることです。指導者は一連のプレーを動画撮影し、再生で一緒に確認しながら良いプレーの場面とルーティンの関連性を指摘し、それ以降のルーティンワークを組み立てます。

ルーティンで同じ動作を繰り返していると、わずかなリズムの違いにも気づくようになります。試合だけでなく、練習でも調子の良し悪しを把握できるので、コンディションを整える手段にもなります。

**まとめ**

1. 落ち着いてプレーするために、自分のルーティンを取り入れる。
2. ルーティンとしてどんな動作が適切か、日頃の練習で考えてみる。
3. ルーティンを通してコンディションも把握できる。

コツ 62

ポイントごとに一喜一憂してしまう

# アクションを使って前向きに気持ちを切り替える

試合における得失点に対して、いちいち動揺していては安定したプレーを続けることはできません。

修正ポイント

❶ 1点の失点だけで大きく動揺してしまう。

❷ 1点取っただけで必要以上にはしゃいでしまう。

❸ ポイントに関わらず淡々とプレーしてしまう。

## ポジティブな気持ちを表現して相手にアピールする

テニスやバレーボールなどは一つのプレーでどちらかにポイントが入り、取得したセット数の優劣でゲームを競います。つまり1ポイント、1プレーが勝敗に直結し、選手はそれに一喜一憂してしまうのです。

全日本女子のバレーボールチームは、得点が入るとコートの中央に集まり皆でハイタッチなどをして称えあい、その後はすぐに自分のポジションへ戻ります。これは、1972年のミュンヘンオリンピックのときに当時の松平監督によりはじめられたパフォーマンスであるといわれています。この行為はただ喜んでいるのではなく、ポイントを取った後の切り替えと次の行為へのプレパレーション（準備）を促しているのです。逆に失点した後も集まって声をかけ合い、次のプレーに集中するための切り替えを行います。また、皆で一緒に行うことで、チームの連帯感を高めていきます。ポイントごとに行う行為は、チームとしてのルーティンともいえるでしょう。

**前向きな気持ちを体で表現しながら次の行動への切り替えをしていく行為を、ポジティブフィジカルレスポンスといいます。内省して考えを変えるだけではなく、実際にポジティブなアクションを行うことで自分の気持ちのスイッチを切り替えることができ、相手へのアピールにもなります。**

テニスのセレナウィリアムズ選手がミスの後に素振りを数回行うことや、錦織圭選手が相手のナイスショットに対し、素晴らしいという意味のサムアップ（親指を立てる）動作を行うのもそれにあたるといえます。前向きな気持ちの切り替え方法を身につけておけば、どんな試合展開になっても乗り切ることができます。

**まとめ**

❶ 得失点の後は次のプレーに備えて気持ちを切り替える。

❷ ポジティブフィジカルレスポンスを身につける。

❸ 団体競技では、チーム内のルーティンを決める。

コツ63

# ゾーンに入る方法を見つけて最高のパフォーマンスを発揮する

## 能力を最大限に発揮できる心理状態とは?

「火事場のバカ力」という言葉で表現される、極限な場面で日頃の力以上のパフォーマンスが出せる状態を"ゾーン"といいます。

修正ポイント

❶「緊張している!」と自分を追い込んでしまう。

❷興奮状態で試合に入る。

❸試合前なのにやる気がおこらない。

## 競技によって最適な興奮レベルは異なる

パフォーマンスは、興奮レベルが低すぎても高すぎても、発揮できません。心理学の研究結果からも、落ち着きと緊張、興奮はそれぞれ種目に適したレベルにあるとき、試合で良い結果を生み出すことが示されています。この落ち着きと興奮や緊張のレベルは、競技によって変わってきます。ボディーコンタクトのあるラグビーやレスリングなどの競技では、興奮レベルが高い状態で良い結果が表れます。一方で、ゴルフや弓道、アーチェリーなどは、興奮レベルを低く押さえていく事で高いパフォーマンスを発揮することができます。

**こういった事を前提に、指導者は競技の性質と選手のメンタルの状況をしっかり把握しておく必要があります。試合前に選手のやる気が起こらない状態（サイキアウト）に陥っている場合には、興奮レベルを上げるために「サイキング・アップ」をすることが効果的です。ラグビーニュージーランド代表が試合前に行うハカという戦いの舞いの儀式もその一つです。逆に興奮を抑えなければパフォーマンスが発揮できない競技では、気持ちを落ち着かせるための「カームダウン」という心理スキルが有効です。**ゴルフや弓道で試合前に行う、瞑想や静的ストレッチも心理スキルの一つです。適度な落ち着きと興奮や緊張状態の範囲は、「ゾーン」といわれ、最高のパフォーマンスが行えるとされています。注意集中が高まり、やる気もみなぎる状態です。まずは、自分の「ゾーン」がどのような状態で起こったのかを思い出し、紙に書き出すことはとても大切な事です。ゾーンに入るための暗証番号を見つけ出し再現できるように訓練してください。

まとめ

❶ 適度な緊張と興奮はパフォーマンスをアップさせる。

❷ 競技によって興奮や緊張の度合いを調整する。

❸ 自分が最高のパフォーマンスを発揮できる精神状態を理解する。

# コツ 64

試合モードに気持ちを切り替えたい

# サイキングアップでやる気を高める

試合がはじまるのにテンションがあがらないときは、やる気を高めるサイキングアップで気持ちをアップさせます。

**修正ポイント**

❶ やる気や結束力のないまま試合に臨む。

❷ 試合では気合を入れるが、練習では気が緩んでしまう。

❸ どれぐらいの興奮状態がパフォーマンスを向上させるか理解していない。

## サイキングアップを用いてやる気や結束力を高める

チームスポーツでは、試合前に円陣を組んでかけ声を出すことがあります。柔道やレスリングなど個人スポーツでは、自分の体を叩いたり声を出して試合に挑む選手がいます。これらのアクションは、**試合に向けた気持ちを高めていくための心理スキルで、「サイキングアップ」といいます。チームで行う場合には、皆で戦うという集団の結束力を高める役割もあります。**

フィギュアスケーターの羽生結弦選手は、試合前にロックなどテンポのよい音楽をイヤフォンなどで聴くことで、モチベーションを上げて試合に挑みます。また、大学ラグビーでは試合前にロッカールームで部歌をチーム全員で歌い、気持ちを高めます。大一番の試合では感情が高ぶり、涙を流す選手もいるほどです。

選手が自分でおこなえる、興奮レベルを上げるための心理スキルとして、呼吸法があります。サイキングアップするための呼吸法は、リラクセーションとは全く逆の強く早い呼吸を繰り返して行います。「1、2」で息を吸い、「1、2」で吐く、というように同じタイミングで呼吸を繰り返します。

サイキングアップを試合だけでなく練習の時から取り入れて技法をマスターしておくべきです。通常、負荷をかけた練習で「キツイ、もうできない」と感じることがあります。しかし、サイキングアップを行い、自らをさらに奮い立たせれば、限界という心理的な壁をぶち破ることができるはずです。

**まとめ**

❶ 試合前は円陣や声掛けなどで士気を高める。

❷ サイキングアップで心理的壁をぶち破る。

❸ 練習の時からサイキングアップを取り入れて、技法をマスターしておく。

## コツ 65

調整に失敗してしまったら…

# 試合当日のコンディションを前向きにとらえる

試合当日に体調が悪いと感じたり、思わぬアクシデントに遭遇することもあります。しかし、物の見方、考え方を変えてピンチをチャンスにできます。

**修正ポイント**

❶ 試合当日に調子が悪いと、「ダメだ!」と諦めてしまう。

❷ 予想外のアクシデントに対処できない。

❸ 練習でうまくいかないから、本番もダメだと決めつけてしまう。

## コンディションの良し悪しに関係なくベストをつくす

選手は試合当日にトップコンディションになるよう、日頃から調整をしていきます。しかし思わぬアクシデントに見舞われることもあります。例えば朝起きたら体がだるいと感じたり、ウォームアップで調子がいつものようにあがらないなど、入念に準備をしていても予想外のことがおきる可能性はあります。

スムーズに試合に挑む準備が整わないと、「今日の試合は負けるかも」というネガティブな気持ちになってしまうかもしれません。しかし、コンディションが悪くても、逆に高いパフォーマンスが発揮されることもあるのです。陸上短距離走の伊東浩司選手は、1998年にバンコクで開催されたアジア大会男子100m準決勝で、100mを10秒00というタイムを出して日本新記録を樹立しました。この試合で伊東選手は、朝から風邪気味で体調が悪かったのです。しかし、思うようなコンディションではないからこそ、ウオーミングアップや練習を丁寧に行い、体の様子を調整しながら本番に挑みました。その結果、日本新記録を樹立することができたのです。

**ベストコンディションでも過度な力が入り失敗してしまう例もあります。必ずしもコンディションの良し悪しが結果に結びつくものではないことを理解しましょう。**ノルディック複合競技のあるトップ選手は、スキージャンプの本番前の練習で飛べない日は、本番でも上手くいかないと考えていました。しかし、きちんとデータをとってみると、本番前のジャンプの良し悪しは、本番の結果に関係ないことがわかったのです。試合で力を出すためには、当日のコンディションの良し悪しにとらわれないことも大切になります。

**まとめ**

❶ コンディションの良し悪しに関係なくベストを尽くす。

❷ 練習の結果は単なる参考資料でしかないと考える。

❸ 体調不良を言い訳にしないで試合に臨む。

# コツ 66

試合での「集中」という言葉に焦ってしまう

# 「集中!」とは注意の方向を意識すること

最高のパフォーマンスを発揮するためには集中力が必要です。試合中に「集中力!」と叫んでいるアスリートをよく見かけますが、「集中」とは何なのでしょうか?

修正ポイント

❶ 試合が終わっていないのに「ここで勝てば初優勝だ!」と意識してしまう。

❷「集中!」と言われても何に集中して良いかわからない。

❸ 集中力が高まると周りが何も見えない。

## 指導者は試合中にアスリートの集中力が途切れていないかを察知する

試合ではここ一番の場面で集中し、自分の能力を最大限に発揮しなければなりません。例えば、テニスや卓球、バドミントンなどのマッチポントやセットポイントの場面。しかし、**勝負に弱い選手ほど重要な場面で「あと1点で勝てるぞ！」、「念願の優勝ができる！」など余計なことを考えてしまい、集中が途切れてしまいます。**こうした状況でよくかけられるアドバイスに「1本集中！」という、言葉があります。

集中を英訳すると「concentration」で、一つのことに力を集めていくイメージです。スポーツにおける集中は注意「attention」の意味合いも含まれてきます。注意「attention」の意識をどこへ向けるのか、その方向性を考えることが大切になるのです。

ナイデファ（R.Nideffer,1981）は、注意様式の違いから、注意の範囲（広い－狭い）と注意の方向（外的－内的）の2つを組み合わせて、注意集中のタイプを4つに分類して説明しています。内的に注意をしている状態とは、「昨日の勝因は、何だったのだろうか？」と記憶をたどったり、思考を巡らしている場合です。外的に注意をしている状態とは、「今、試合中相手チームの動きはどうなっているか」という自分の外側での出来事が対象となります。狭い範囲では、見る場所を小さくし、広い範囲では視野を大きく全体を見渡すイメージです。例えばサッカーの試合で「相手を抜いた後のシュートはゴールキーパーの足元を狙う」ということに注意（＝集中）することは、外的な狭い範囲を対象にして意識を向けています。注意を向ける方向性が明確になることで、集中力が高まりエラーやミスを防ぐことができます。

### まとめ

❶「今、ここで」すべきことに注意を向け、全力を尽くす！と言い聞かせ、目の前のプレーに全力を傾ける。

❷注意（＝集中）の意識を向ける方向性（何に）を明確にする。

❸スポーツにおける「集中とは？」の意味を理解する。

コツ
67

観客が見ていると緊張してしまう

# どんな試合環境にも対応できる力を備えるためのイメージトレーニング

試合はいつもの練習と違う環境でプレーをしなければなりません。「人が見ている」だけで気持ちにも影響を及ぼします。

修正ポイント

❶ 観客が多いとプレーに集中できない。

❷ ヤジや相手の応援団の声で動揺してしまう。

❸「応援してくれているのに、負けたらどうしよう」と感じてしまう。

## 練習は試合の如く 試合は練習の如く

サポーターの声援が選手の力になる一方、対戦相手の応援が気になり、ミスを招くこともあります。選手によっては、「人に見られてプレーする」こと自体であがってしまうこともあります。いつもと違う会場の雰囲気は、必要以上の緊張感を高めます。このような状態を乗り越えるためには、試合会場を想定したシュミレーショントレーニングが効果的です。

全日本の卓球選手の合宿では、中国での試合会場を想定し「チャーヨ！（頑張れ！）」という大音量の中国の声援を流しながら練習するという方法を取り入れています。また、ゴルフのタイガーウッズは、指導者でもある父親がどんなときでもスイングに集中できるように高速道路の直近で騒音を聞きながらショット練習をさせた、という逸話もあります。**同じ環境でばかり練習するのではなく、時には環境を変えた状況を作りどんな場にも慣れる対応力を身につけましょう。**

**トレーニング方法としては、友人や保護者の人達に練習風景を見てもらうことも有効です。知っている人とはいえ、観客に見立てた存在のなかで練習をすると、他人の視線や見られている感覚に慣れることができます。**観客が多い試合へ行き、圧倒するような会場の雰囲気を体感し、自分がそこで選手としてプレーすることをイメージすることも良いでしょう。大勢の観客の中にいる疑似体験をして、本番の訓練をしてみましょう。試合で緊張をする場合には、委縮してしまうから意識しないようにするのではなく、いつもと違う環境を受け入れるようにしてみます。「会場の観客は、すべて自分の応援団だ！」など、ポジティブな発想に考え方を転換していきましょう。

### まとめ

❶「観客は全員自分の味方で応援団だ！」と考え、周囲の環境に対する見方を変える。

❷ 他人の目線があるなかで練習する。

❸「こんなにたくさんの人が、自分のプレーを見てくれている事」に心から感謝する。

コツ
# 68

## ポジティブなセルフトークで自信を高めて試合に臨む

積極的な言葉で自己暗示する

自己暗示として使えるセルフトークは、試合直前の不安や試合中の緊張をほぐして、自信を高めることに有効です。

修正ポイント

❶ 試合でいつも緊張してしまう。
❷ 自己暗示なんて気休めにすぎない。
❸ セルフトークするのは恥ずかしい。

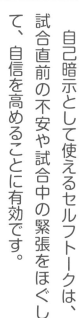

## 前向きな言葉を発したり思い浮かべて気合を入れる

試合当日の朝は朝食と身支度を済ませたら、家を出る前に鏡の前に立ちましょう。そして不安や緊張があるときは鏡の中の自分と向き合い、しっかり目を合わせてから「今日の試合のために、やるべきことはやったから大丈夫！」「きっと良いプレーができるよ！」などのセルフトークで自己暗示をかけ、自信を高めることが効果的です。

**セルフトークで自己暗示をかけるからといって、強い言葉や大声を出さなくてもよいのです。自分にだけ聞こえるくらいの声量で構いません。もしくは、頭の中だけで前向きな言葉を思い浮かべて、強く念じるという方法でも良いでしょう。**

また卓球やテニスなどでポイントを失った直後のインターバルでは、球を拾いに行きながら、「切り替えて、次！」などポジティブなセルフトークを取り入れるのも効果的です。

そうすることで、不安や極度の緊張がほぐれ、前向きな気持ちが生まれてきます。そこから、さらに競技ができることの幸せを実感することができれば、十分に効果が出ている証拠です。

セルフトークは、常に同じことをするのではなく状況ごとに変えて行うと良いでしょう。例えばポイントを取った後、ピンチのとき、ポイントを失ったときなど、場面に合わせたセルフトークをします。あらかじめバリエーションをたくさん持っている方が、試合展開に応じて気持ちをコントロールすることができるでしょう。

**まとめ**

❶ 朝自分の顔を見て話しかける。
❷ セルフトークでポジティブな思考を導く。
❸ 状況別のセルフトークを用意する。

コツ
69

平常心を保つ方法とは?

# ノージャッジメントトレーニングで得失点に左右されない

得失点に対して感情的になるのではなく、単なる結果としてとらえることが平常心をつかむコツです。

修正ポイント

❶ 試合で劣勢になると、平常心を保てなくなる。

❷ 得点するごとに大喜びしてしまう。

❸ 試合展開の変化につられて、感情が表に出てしまう。

## 緊張や焦りなどといった エモーション（感情）をコントロールする

試合ではポイントをリードしていても、不意のミスやジャッジ、タイムアウトなどによって流れが変わり、その結果としてメンタルが動揺し、優位が保てなくなることがあります。

どんな試合展開でも安定的にパフォーマンスを発揮するには、気持ちが浮き沈みすることなく一定に保つことがカギです。そのためには、ネガティブな感情を過度に表に出さないように心がけることが大切です。顔の表情や行動（動作）そして姿勢は、そのときの心理状態を映し出します。試合で追い詰められ、焦ってしまうとついつい眉間にシワが寄ったり、視線が定まらなかったりし、考えがネガティブになります。特に個人スポーツでは、お互いの表情がよくわかるので、感情が表に出過ぎて相手に弱みを見せると、試合展開にも影響が出てきます。

選手によって感情の表れ方はそれぞれです。モチベーションを高めるために自分の気持ちを鼓舞させる選手もいれば、淡々としたリズムで自分のペースを発揮する選手もいます。指導者は選手のタイプを知り、各自に合った指導でメンタルを安定させます。

**感情が表に出やすい場合は、練習でノージャッジメントトレーニングを取り入れることが有効です。これは、得点が入っても入らなくても、それに対して感情をできるだけ持たず、表に出さないようにする訓練です。**通常は得点が入れば喜び、外せば残念に思うものです。しかし、いちいち感情にとらわれて「良し悪し」を判断しないクセをつけることで、得点に対して心が揺らぐことなく、安定したプレーが可能になります。

### まとめ

❶ ノージャッジメントトレーニングで鍛える。

❷ 得失点に対して、一喜一憂しないように心がける。

❸ ネガティブな感情を出すことは相手に弱みを見せていることと理解する。

## 執筆協力 （あいうえお順）

### ●相澤《あいざわ》　勝治《かつじ》

専修大学経営学部教授　専修大学スポーツ研究所所員

中央大学を卒業後、筑波大学大学院体育科学研究科博士課程にて博士号（体育科学）を取得。筑波大学 COE 研究員、筑波大学準研究員（スポーツ医学研究室）、日本学術振興会特別研究員 PD（東京大学大学院医学系研究科附属疾患生命工学センター再生医療工学部門）などを経て現在に至る。スポーツ庁委託事業・平成 27 年度女性アスリートの育成・支援プロジェクト「女性スポーツにおけるトランスレーショナルリサーチの実践プログラム」ではプロジェクトリーダ - を務める。

＜受賞歴＞

2010 年　第 21 回日本臨床スポーツ医学会学術集会優秀発表賞

2014 年　第 19 回日本運動生理学会大会研究奨励賞

2014 年　日本体育学会第 65 大会若手研究優秀賞

2015 年　第 29 回女性スポーツ医学研究会学術集会優秀演題賞

担当：PART4(p108-p111.p114-p117)

### ●井上《いのうえ》　摩衣子《まいこ》

プロテニスコーチ（株式会社テニスユニバース所属）

日本ランキング自己最高　シングルス 8 位、ダブルス 4 位

全日本テニス選手権　ダブルス優勝　ミックスダブルス優勝

実業団テニスチーム「テニスユニバース」で選手兼監督を歴任

担当：PART2(p50-p74 )

### ●小鷹《こたか》　勝義《かつよし》

ミニバスケットチーム「中山ＭＢＣ」監督

日本女子代表・吉田亜沙美、ユニバーシアード女子日本代表・藤岡麻奈美を輩出

全国各地でジュニアバスケットプレーヤーの育成に力を注いでいる。

担当：PART3(p76-p101)

## ●佐藤《さとう》　雅弘《まさひろ》

「コンディショニング TEAM JAM」代表
日本オリンピック委員会強化スタッフ
修造チャレンジコーチングスタッフ（ストレングス＆コンディショニング部門責任者）
ミズノアドバイザリースタッフ、シダックスカルチャーワークスアドバイザー
アスリートをテクニカル、コンディショニング、メンタルの側面からサポートしている。
担当：PART2(p26-p49)

## ●佐藤《さとう》　周平《しゅうへい》

仙台大学　講師（研究分野：スポーツコーチング、スポーツ心理学、健康心理学、テニス）
同大学テニス部監督
東海大学大学院修士課程修了
日本テニス協会公認コーチ、ショートテニス連盟公認指導員
＜受賞歴＞
平成 18 年　研究奨励賞 ( 小山秀哉賞 )　日本テニス学会
担当：PART6(p140-p157)

## ●溝口《みぞぐち》　絵里加《えりか》

仙台大学　講師（研究分野：スポーツコーチング、スポーツ科学、体操）
日本体育協会 公認スポーツ指導者（体操コーチ）
日本体育大学大学院博士前期課程修了、弘前大学大学院博士後期課程修了。博士（医学）。
2001 年、インターハイ、全日本ジュニア、全日本の 3 タイトルを獲得し、世界選手権代表
2006 年、世界選手権（オーフス）、アジア大会（ドーハ）代表に選ばれ、アジア大会では団体の銅メダルを獲得。
〈受賞歴〉
2008 年 公益財団法人日本体操協会 栄光賞
2018 年 体力・栄養・免疫学会学術賞（第 38 回三島賞）
担当：PART5(p126-p138)

### 引用・参考文献

『TA TODAY 最新・交流分析入門』イアン スチュアート、ヴァン ジョインズ・教育出版・1991 ／『自分がわかる心理テスト知らない自分が見えてくる』芦原睦・桂戴作・ブルーバックス・1992 ／『自分がわかる心理テスト part2 エゴグラム 243 パターン全解説』芦原睦・ブルーバックス・1995 ／『TA 人生脚本を書き直す方法』佐藤雅幸・ベストセラーシリーズ　ワニの本・1997 ／『女性のスポーツ医学』目崎登・文光堂・1997 ／『スランプをぶっとばせ』アラン・ゴールドバーグ著　佐藤雅幸訳　ベースボールマガジン社　2000 ／『人はなぜ負けパターンにはまるのか』佐藤雅幸・ダイヤモンド社・2000 ／『知的アスリートのためのスポーツコンディショニング』山本利春・山海堂・2004 ／『子供の運動能力を引き出す方法』佐藤雅弘・講談社・2004 ／『スポーツメンタルトレーニング教本』日本スポーツ心理学会編・大修館書店・2005 ／『"遊んで"伸ばす！子どもの運動能力－楽しみながらできる「親子遊び」ドリル 80』佐藤雅弘・山海堂・2007 ／『起きあがりことば』佐藤雅幸・朝日出版社・2009 ／『スポーツ・コーチング学　指導理念からフィジカルトレーニングまで』レイナー・マートン著・大森俊夫・山田茂監訳・西村書店・2013 ／『マイヤーズ心理学』村上郁也訳・西村書店・2015 ／『「FAL-project いま知りたいカラダのこと」H27 年度スポーツ庁委託事業　女性アスリートの育成・支援プロジェクト「女性スポーツにおけるトランスレーショナルリサーチの実践プログラム」』（専修大学スポーツ研究所）

## 監修

佐藤《さとう》　雅幸《まさゆき》

専修大学教授（スポーツ心理学）　同スポーツ研究所顧問
日本体育大学大学院体育学研究科修士課程修了
専修大学女子テニス部を創部し監督として 1992 年全日本大学王座優勝
修造チャレンジコーチングスタッフ（メンタルサポート責任者）
HALEO スポーツサイエンスリサーチとして活動
1994年には長期在外研究員としてカロリンスカ研究所・ストックホルム体育大学に留学



**女子選手のコーチングメソッド　新版**
**正しい声がけ・伝え方で実力を伸ばす！**

2020 年 10 月 30 日　第 1 版・第 1 刷発行

監　修　佐藤　雅幸（さとう　まさゆき）
発行者　株式会社メイツユニバーサルコンテンツ
（旧社名：メイツ出版株式会社）
代表者　三渡　治
〒 102-0093 東京都千代田区平河町一丁目 1-8
TEL：03-5276-3050（編集・営業）
03-5276-3052（注文専用）
FAX：03-5276-3105
印　刷　株式会社厚徳社





ご意見・ご感想はホームページから承っております。
ウェブサイト　https://www.mates-publishing.co.jp/

編集長：折居かおる　副編集長：堀明研斗　企画担当：千代　寧

※本書は 2016 年発行の『正しい声がけ·伝え方で実力を伸ばす！女子選手のコーチングメソッド』の新版です。